So geht's zum DSD II (B2 / C1)

Unterrichtshandreichung zum Übungsbuch

Ewa Brewińska
Holm Buchner
Elżbieta Świerczyńska

**Überarbeitete
Ausgabe**

 Alles Digitale zu diesem Buch kann auf der Lernplattform
allango von Ernst Klett Sprachen abgerufen werden. So geht's:

| QR-Code scannen oder **www.allango.net** aufrufen | Buchtitel oder ISBN in der Suche eingeben und auf das Buchcover klicken | Zum Inhalt navigieren, direkt abrufen oder speichern |

Zu diesem Buch auf allango verfügbar: **Audios, Antwortblatt Leseverstehen**.

Ernst Klett Sprachen
Stuttgart

So geht's zum DSD II (B2 / C1)

Unterrichtshandreichung zum Übungsbuch

1. Auflage   6 | 2025

Autoren: Ewa Brewińska, Holm Buchner, Elżbieta Świerczyńska

Redaktion: Dr. Sandra Hohmann, Essen
Layoutkonzeption: Anastasia Raftaki, Jasmina Car, Barcelona
Herstellung: Anastasia Raftaki
Gestaltung und Satz: Jasmina Car, Barcelona; Regina Krawatzki, Stuttgart
Umschlaggestaltung: Julia Eden
Reproduktion: Meyle + Müller GmbH + Co. KG, Pforzheim
Titelbilder: Fotolia LLC (Monkey Business), New York
Druck und Bindung: Digitaldruck Tebben GmbH, Biessenhofen

Printed in Germany
ISBN 978-3-12-675987-8

Inhaltsverzeichnis

Vorwort 4

Komponenten und Konzeption der „So geht's zum DSD II (B2 / C1)"-Bücher 5

Die DSD II-Prüfung und der Deutschunterricht 6

  1 Medien 8

  2 Umwelt 14

  3 Technik und Wissenschaft im Alltag 20

  4 Ausbildung & Studium 26

  5 Zusammenleben 32

  6 Freizeit – Freie Zeit? 38

  7 Mobilität 44

  8 Globalisierung 51

  9 Demografischer Wandel 56

  10 Regionen, Sprachen und Dialekte 61

Kopiervorlagen 65

Lösungen 72

Transkriptionen zu den Hörtexten im Übungsbuch 88

Audioliste 96

Liebe Kolleginnen und Kollegen,

mit dem vorliegenden Lehrerhandbuch wollen wir Sie bei der Arbeit mit dem Übungsbuch „So geht's zum DSD II (B2 / C1)" unterstützen. Beide Bücher (wie auch das Testbuch „So geht's zum DSD II (B2 / C1)" und das dazugehörige Lehrerhandbuch) wurden in den Teilen Schriftliche Kommunikation und Mündliche Kommunikation hinsichtlich der aktuellen Bewertungs- und Prüfungskriterien (Stand 2015) überarbeitet.

Das Lehrerhandbuch enthält:
- Wissenswertes zur DSD II-Prüfung
- konkrete Hinweise für die Bearbeitung der Aufgaben
- praktische Tipps für Ihren Unterricht oder die Vorbereitung („Tipp")
- weiterführende Vorschläge für Ihren Unterricht („Das besondere Plus")
- Lösungen zu den Aufgaben
- Transkriptionen der Hörtexte

Hinweise und Lösungen sind der aktualisierten Ausgabe des Übungsbuchs angepasst.

Wir hoffen, dass Sie Ihre Schülerinnen und Schüler mit diesem Material optimal auf die Prüfung vorbereiten können, und wünschen Ihnen viel Freude und Erfolg bei der Arbeit!

Das Autorenteam und der Verlag

Komponenten und Konzeption der „So geht's zum DSD II (B2/C1)"-Bücher

Für die gezielte Vorbereitung der DSD-Prüfung gibt es folgende Bücher, die aufeinander aufbauen und sich ergänzen:

„So geht's zum DSD II (B2/C1) Übungsbuch"
- trainiert den Wortschatz
- macht mit den Prüfungsaufgaben vertraut
- baut Schreibkompetenz auf
- begleitet die Projektarbeit auf Portfolioseiten

„So geht's zum DSD II (B2/C1) Testbuch mit Leitfaden für die mündliche Prüfung"
- mit drei kompletten Modelltests
- bereitet Schritt für Schritt auf die mündliche Prüfung vor

„So geht's zum DSD II (B2/C1) Lehrerhandbuch zum Übungsbuch"
- mit Hörtexten, Transkriptionen der Hörtexte des Übungsbuchs und Lösungen

„So geht's zum DSD II (B2/C1) Lehrerhandbuch zum Testbuch mit Leitfaden für die mündliche Prüfung"
- mit Hörtexten und Beispielprüfungen, Transkriptionen und Lösungen

Ziel und Zielgruppe

Ziel der Bücher ist es, die Schülerinnen und Schüler sicher auf die Prüfung vorzubereiten. Dafür stellen wir Ihnen Materialien und Hilfen für die DSD-Vorbereitung zur Verfügung. Sie sind gedacht für Schülerinnen und Schüler, die sich im Unterricht und in selbstständiger Arbeit auf das DSD vorbereiten. Deshalb finden Sie in den Büchern sowohl Aufgaben für die individuelle Arbeit zu Hause, als auch die für Partner- und Gruppenarbeit in der Schule. Außerdem gibt es auch Aufgaben, die im Plenum erarbeitet werden sollen.

Zeitraum

Je nach der Wochenstundenzahl, die für die Vorbereitung der Prüfung zur Verfügung steht, sollten Sie pro Band mindestens ein halbes Schuljahr einplanen.

Verwendete Abkürzungen

GER = Gemeinsamer Europäischer Referenzrahmen für Sprachen
ÜB = Übungsbuch
LHB ÜB = Lehrerhandbuch Übungsbuch
TB = Testbuch
LHB TB = Lehrerhandbuch Testbuch
LV = Leseverstehen
HV = Hörverstehen
SK = Schriftliche Kommunikation
MK = Mündliche Kommunikation

Literatur

- Handreichungen für die Schriftliche Kommunikation DSD II und Handreichungen für die Mündliche Kommunikation unter
  www.auslandsschulwesen.de → Auslandsschularbeit → Deutsches Sprachdipolm (DSD) → DSD II

Die DSD II-Prüfung und der Deutschunterricht

Im Unterschied zu anderen Sprachprüfungen erfolgt die Vorbereitung des Deutschen Sprachdiploms im Schulunterricht, die Prüfung erwächst aus einem qualifizierten, erfolgreichen und modernen Deutschunterricht.

Wissenswertes zum DSD (= das Deutsche Sprachdiplom der Kultusministerkonferenz)

- Es orientiert sich am Gemeinsamen europäischen Referenzrahmen für Sprachen (GER).
- Es gibt zwei Niveaustufen: A2 / B1 (DSD I) und B2 / C1 (DSD II).
- Die DSD II-Prüfung kann nach mehrjährigem kontinuierlichen Unterricht abgelegt werden.
- Die Schule muss als DSD-Schule zugelassen sein.
- Die DSD-Prüfung wird in mehr als 70 Ländern an über 1100 Schulen von jährlich über 70.000 Prüflingen abgelegt.
- Die vier Prüfungsteile Leseverstehen (LV), Hörverstehen (HV), Schriftliche Kommunikation (SK), Mündliche Kommunikation (MK) werden bei der Bewertung gleich gewichtet und zählen je 25 %.
- Die Prüfungsaufgaben für LV, HV und SK sowie für den 1. Teil MK kommen von der Zentralstelle für das Auslandsschulwesen (ZfA) in Köln.
- Das Thema der Präsentation (2. Teil MK) unterliegt bestimmten Bedingungen und ist genehmigungspflichtig.
- Als Stufenprüfung (A2 / B1 und B2 / C1) kann das DSD die individuelle Sprachkompetenz des Schülers optimal testen: Das DSD bescheinigt in jeder Fertigkeit das Niveau des Schülers.
- Die Auswertung der Prüfungsteile LV und HV erfolgt elektronisch in einem Testinstitut in Deutschland.
- Der Prüfungsteil SK wird von speziell geschulten Prüfern in Deutschland bewertet.
- Die mündliche Prüfung findet vor einer Prüfungskommission an der Schule statt. Den Prüfungsvorsitz übernimmt immer ein deutscher Lehrer, Prüfer ist der Deutschlehrer.
- Das Niveau B1 gilt als Sprachnachweis für die Aufnahme an einem Studienkolleg, das auf ein Hochschulstudium in Deutschland vorbereitet.
- Das Niveau B2 / C1 weist die Deutschkenntnisse nach, die für ein Hochschulstudium erforderlich sind.

Die Grundlage des Deutschunterrichts an den Deutschen Schulen im Ausland und an den Schulen, die auf die Prüfungen des Deutschen Sprachdiploms hinführen, ist der **Rahmenplan „Deutsch als Fremdsprache"** für das Auslandsschulwesen. Er stellt den kompetenz- und standardorientierten Rahmen für den Deutschunterricht dar, den die jeweiligen Schulen mit konkreten Unterrichtsinhalten füllen und so ihre Schüler zum erfolgreichen Ablegen der Prüfung führen können.

Auszüge aus dem Rahmenplan „Deutsch als Fremdsprache"

Dem Rahmenplan liegt ein **ganzheitlicher und komplexer Sprach- und Kommunikationsbegriff** zugrunde. Demnach soll der Unterricht „Deutsch als Fremdsprache" nicht nur die sprachstrukturellen Ebenen von **Aussprache / Intonation, Orthographie, Wortschatz** und **Grammatik**, sondern auch **kommunikative Strategien, kulturspezifische Verhaltenskonventionen, Interaktionsroutinen** und **-rituale** berücksichtigen. Dies gilt sowohl für **verbale** als auch für **nonverbale** Verständigungsabläufe.

Dabei stellt die deutsche Gegenwartssprache kein **homogenes**, sondern vielmehr ein **komplexes und mehrfach gegliedertes** Kommunikations- und Verständigungssystem dar. Die **nationalen Standardvarianten** (Deutschland, Schweiz, Österreich) werden grundsätzlich als **gleichwertig** angesehen. Für die Förderung der produktiven mündlichen und schriftlichen Kompetenzen wird **die in Deutschland gebräuchliche Standardvariante zugrunde gelegt, da diese „i.d.R. in allen deutschen Sprachregionen akzeptiert wird** und allseits **sanktionsfreie Kommunikationsprozesse möglich macht."**

Ausgehend vom Rahmenplan sollten die Lernsituationen **konkret** und **handlungsbezogen** angelegt werden. Es sollten **situative** und / oder **thematisch-inhaltsorientierte Schwerpunkte** gesetzt werden.

Die anzustrebende **kommunikative Handlungskompetenz** wird gegliedert in: Hörverstehen / Hör-Sehverstehen, Fähigkeit zur Teilnahme an Gesprächen, die Fähigkeit zum zusammenhängenden Sprechen, Leseverstehen, Schreiben und zur Sprachmittlung.

Der **Umgang mit Texten und Medien** und der Erwerb entsprechender Kompetenzen ist mit dem Kompetenzbereich des **interkulturellen Handelns** verknüpft. Der Fremdsprachenunterricht unterstützt die Schüler, interkulturell kompetent sprachlich handeln zu können, indem sie **planvoll Beobachtungen anstellen, Erkenntnisse sammeln und ordnen, Vergleiche zur eigenen Wirklichkeit durchführen** und auf dieser Grundlage begründet **zu Haltungen und Einstellungen gelangen**.

Um angemessen sprachlich und interkulturell handeln zu können, bedarf es komplexer aufgabenbezogener **Reflexion über Sprache und sprachliche Kommunikation**.
Schüler sollten zu Einsichten und Erkenntnissen über das Deutsche und andere Sprachen gelangen. Schwerpunkte dafür sind:
- die Reflexion über individuelle, schulische und gesellschaftliche Mehrsprachigkeit sowie die Erkundung und Beschreibung wesentlicher Merkmale,
- die Reflexion über Sprache(n) im kommunikativen Gebrauch und die Aneignung entsprechender Kommunikationsmuster,
- gezielte Beobachtungen von Sprache(n) zur Erweiterung und Festigung ihrer sprachlichen Mittel.

Besonderes Augenmerk wird auf die Verantwortung der Schüler für ihr eigenes Lernen gelegt. Dieses soll gestärkt werden, indem man ihnen systematisch Gelegenheiten bietet, sich **Verfahren, Techniken und Strategien für das Lernen** innerhalb und außerhalb des Unterrichts anzueignen.
Schwerpunkte sind:
- die Organisation und Kontrolle ihrer Arbeits- und Lernverfahren im Unterricht,
- die Nutzung von Kooperationsstrategien,
- das Verschaffen außerunterrichtlicher Lerngelegenheiten,
- der Einsatz von Strategien für die Entwicklung rezeptiver (Teil-)Kompetenzen und die Nutzung unterschiedlicher Lese- und Hör- / Hör-Sehstrategien,
- der Einsatz von Strategien für die Entwicklung von produktiven (Teil-)Kompetenzen,
- der Einsatz von Strategien der Selbstüberprüfung und Selbstkorrektur.

Für den Unterricht wird mit dem Rahmenplan **keine konkrete Methode** vorgeschlagen.
Vielmehr wird das übergreifende **Prinzip der Kompetenzorientierung** anhand der folgenden didaktisch-methodischen Leitprinzipien umgesetzt:
- Lernerorientierung,
- Themen- und Inhaltsorientierung,
- Handlungsorientierung,
- Interkulturelle Orientierung,
- Kommunikationsorientierung,
- Aufgabenorientierung,
- Mehrsprachigkeitsorientierung und Lernökonomie,
- Prinzip der funktionalen, lernerseitig begründeten Einsprachigkeit.

1 Medien

➤ S. 8–9

Wortschatztraining Computer & Internet

Überblick · Inhalte · Arbeitsformen

Heute spielen neben den sogenannten alten Medien die neuen Medien eine immer größere Rolle, vor allem als schnelle Informationsquelle.

Das Thema „Internet" gehört nicht nur zu den populärsten Themen vieler Prüfungen, sondern es ist auch ein Thema, das der jüngeren Generation sehr nahe steht. Allerdings enthält der Bereich auch wie kein anderer Anglizismen. Es besteht also die Gefahr, dass die Schüler bei diesem Thema auch fälschlicherweise englische Begriffe verwenden bzw. Begriffe aus dem Englischen falsch verwenden.

Die Wortschatzaufgaben erklären, …
- welche Verbindungen es aus Nomen und Verben gibt (Aufgabe 1),
- was genau die englischen bzw. aus dem Englischen entlehnten Wörter bedeuten (Aufgaben 2 und 3),
- wie aus dem Englischen entlehnte Wörter konjugiert werden (Aufgabe 2b),
- wie man Wortschatz sammeln und strukturieren kann (Aufgabe 4),
- wie man mit Wörtern spielen kann (Aufgabe 5).

Alle Aufgaben werden als Einzelarbeit bzw. Gruppenarbeit gelöst.

1

a Lassen Sie die Aufgabe zunächst in Gruppen lösen. Erweitern Sie die Aufgabe evtl. und lassen Sie jeweils drei oder vier Schüler weitere Verben zu den Nomen finden.

b Die Schüler lösen die Aufgabe in Einzelarbeit und vergleichen dann mit den Nachbarn.

Das besondere Plus

Das Begründen ist eine zentrale Sprachhandlung in der mündlichen Prüfung, aber auch im Prüfungsteil „Schriftliche Kommunikation". Oftmals aber bereitet dies den Schülern wegen der unterschiedlichen grammatischen Strukturen Schwierigkeiten. Sätze mit *weil, denn, deshalb* sollten daher möglichst oft geübt werden.

Wiederholen Sie die Strukturen beispielsweise mit einer „Kausalsatzjonglage": Geben Sie einen Satz vor, z.B.: „Ich lerne Deutsch, weil ich Freude am Fremdsprachenlernen habe." Reihum sollen die Schüler den Satz nun umformulieren. Fällt einem Schüler nach 5 Sekunden keine neue Möglichkeit ein, ist sofort der nächste Schüler an der Reihe, damit keine langen Pausen entstehen. Wenn die Schüler besonders unsicher sind, können Sie am Ende auch noch einmal alle Möglichkeiten an die Tafel schreiben, z.B.:
1. Ich lerne Deutsch, denn ich habe Spaß am Fremdsprachenlernen.
2. Ich lerne Deutsch, ich habe nämlich Spaß am Fremdsprachenlernen.
3. Da ich Spaß am Fremdsprachenlernen habe, lerne ich Deutsch.
4. Ich habe Spaß am Fremdsprachenlernen, deshalb / darum / deswegen lerne ich Deutsch.
5. Wegen des Spaßes (und der Freude) am Fremdsprachenlernen lerne ich Deutsch. (Weisen Sie darauf hin, dass diese Konstruktion allenfalls schriftlich gebraucht wird.)

2

a Die Schüler lösen diese Aufgabe in Partnerarbeit.

b Klären Sie zunächst, ob der Tipp auf Seite 8 unten für alle Schüler verständlich ist. Sie können dazu ggf. nochmals als kleine Tafelnotiz die Muster der Konjugation von einem Schüler notieren lassen. Erst dann sollten die Schüler Aufgabe 2b in Einzelarbeit lösen.

3

Diese Aufgabe soll die Schüler an die Arbeit mit dem Wörterbuch gewöhnen. Da Wörterbücher auch in der Prüfung – zur Vorbereitung – verwendet werden dürfen, lohnt es sich, eine Unterrichtsstunde nur der Arbeit mit dem zwei- bzw. einsprachigen Wörterbuch zu widmen. So lernen die Schüler, das Wörterbuch schnell und gewinnbringend zu benutzen. Bereiten Sie die Schüler ggf. auf diese Aufgabe vor, indem Sie zeigen, wie man auch bei unbekannten Wörtern den dazugehörigen Artikel und / oder Plural in einem Wörterbuch findet, wie man eine passende Präposition zu einem Verb findet und wie man mit einem Wörterbuch das treffende Verb oder Adjektiv findet.

Tipp

Wörterbucharbeit ist notwendig. Achten Sie aber darauf, dass die Wortschatzarbeit systematisiert ist, z.B. unter dem Aspekt nachgeschlagen wird, welche Wörter man von einem bekannten Wort ableiten kann. Nicht nur eine Übersetzungsleistung, sondern vor allem die Erweiterung des Wortschatzes anhand des neu erschlossenen Wortes ist Ziel.
Wenn die Schüler die Bedeutung des Wortes selbst (z.B. aus dem Kontext oder weil die Wortfamilie bekannt ist) ableiten können, sollten Sie das Benutzen von Wörterbüchern aber auch „verbieten". Nur so wird der Wortschatz aktiviert bzw. bleibt aktiv.

4

Der erworbene Wortschatz wird mithilfe eines Assoziogramms geordnet. Das ist eine der Techniken, die die Schüler zuerst durch Ihre Anleitung lernen und später selbstständig aufgreifen, um so ihren Wortschatz zu systematisieren. Weisen Sie die Schüler darauf hin, dass es hier nicht etwa *eine einzige* Lösung, sondern *viele* verschiedene Lösungen gibt. Lassen Sie die Schüler das Assoziogramm auf einem separaten Blatt anfertigen, dann können Sie es besser für die weitere Arbeit verwenden.

5

a Lassen Sie diese Aufgabe in Einzelarbeit lösen. Vergleichen Sie anschließend im Plenum die Ergebnisse und stellen Sie sicher, dass alle Schüler schließlich die korrekte Schreibweise kennen. Schreiben Sie die Wörter dazu beispielsweise in der richtigen Schreibweise an die Tafel und lassen Sie die Schüler dies mit ihren eigenen Lösungen vergleichen. Gehen Sie ggf. herum und korrigieren Sie, wenn ein Schüler einen Fehler in seinen Lösungen nicht entdeckt hat.

b Diese Aufgabe können Sie als kleines Spiel durchführen lassen. Erläutern Sie die Arbeitsanweisung und geben Sie die Dauer des Spiels vor, z.B. 5 Minuten.

Training Leseverstehen > S. 10 – 11

Überblick · Inhalte · Arbeitsformen

Diese Übungen bereiten die Schüler auf das Aufgabenformat Leseverstehen 1 (> S. 10) vor. Es gibt verschiedene Techniken, die helfen, die Aufgabe zu lösen. Zunächst muss das Thema erfasst und differenziert werden. Für diesen Schritt eignen sich die sogenannten W-Fragen. Signalwörter führen zur Lösung der Aufgabe: der Zuordnung von Überschrift und Text. Zuerst wird gemeinsam eine Aufgabe erarbeitet und dann soll allein eine Aufgabe gelöst werden. Ein Hinweis macht aufmerksam auf Synonyme. Dazu sollen die Schüler einen Tipp formulieren. Am Ende steht eine Aufgabe, die die Schüler selbst erstellen.

Die Aufgabe zum Leseverstehen erklärt, …
- wie man sich Zugang zum Thema verschafft (Aufgabe 1a),
- wie man die Aussagen der Texte differenziert (Aufgabe 1b),
- dass man besonders auf Synonyme achten soll (Aufgabe 2).

Die Aufgaben wechseln zwischen Einzelaufgabe, Auswertung im Plenum bzw. in Partnerarbeit sowie Aufgaben mit Projektcharakter. Regen Sie den Austausch zwischen den Schülern an. Lassen Sie den Text auch als Wortschatzquelle nicht ungenutzt, weisen Sie z.B. darauf hin, dass hier mit Haftklebezetteln gearbeitet werden kann und lassen Sie die Schüler ggf. neuen Wortschatz im Assoziogramm ergänzen.

1

a Bilden Sie Paare. Verteilen Sie die Texte (jeweils ein Text pro Paar) und lassen Sie eine kurze Textzusammenfassung formulieren. Die Schüler einigen sich auf ein gemeinsames Thema, das an der Tafel
notiert wird.

b Auch hier bietet sich die Partnerarbeit an. Die Schüler sollten auch über die Lösungen (Gemeinsamkeiten,
Unterschiede zwischen den Texten) sprechen.

2

a Lassen Sie die Aufgabe in Einzelarbeit lösen. Sprechen Sie dann im Plenum darüber, welche Wörter
warum unterstrichen wurden.

b Die Schüler lösen die Aufgabe in Einzelarbeit. Wichtig: Die Schüler sollen ihre Zuordnung auch
begründen. Weisen Sie auf den Tipp hin. In Kapitel 5 erfolgt ein Rückverweis darauf.

c Übertragen Sie die Tabelle an die Tafel. Lassen Sie die Schüler die passenden Begriffe eintragen.

d Die Schüler lösen die Aufgabe in Einzelarbeit. Stellen Sie ggf. durch den Vergleich im Plenum sicher, dass
alle die richtige Lösung haben.

e – f In diesen Aufgaben können die Schüler das erworbene Wissen in Einzel- oder Partnerarbeit
anwenden. Gehen Sie bei der Auswertung bzw. dem Vergleich (möglicher) Lösungen vor wie in den
Aufgaben 1b, 2b und 2c.

3

Die Schüler bereiten diese Aufgabe in Paaren vor (Texte und Überschriften suchen). Weisen Sie Ihre Schüler
darauf hin, dass Sie beim Formulieren der Überschriften Synonyme finden sollen – dies übt „nebenbei" die
Wortschatzarbeit. Das Zuordnen von Überschriften zu Texten kann dann in Gruppen oder im Plenum erfolgen.

Wortschatztraining Medien im Alltag

➤ S. 12

Überblick · Inhalte · Arbeitsformen

Dieses Thema ist im Deutschunterricht bereits häufiger behandelt worden, aber vor allem aus persön-
licher Sicht. Mit dieser Wortschatzarbeit wird das Thema über den persönlichen Bezug hinausgeführt und
der Wortschatz wird erweitert, auch im Hinblick darauf, wie Medien definiert und differenziert werden.
Die Aufgaben werden in Einzel- und Partnerarbeit und – wenn möglich – durch Internetrecherche er-
schlossen.

Die Wortschatzaufgaben ...
- erfragen Infos aus einem Text und fordern zur Internetrecherche auf, um sich Informationen zu
  erschließen (Aufgabe 1a),
- sind für die Schüler Anlass zu Gesprächen über verschiedene Aspekte, die mit Medien in Verbindung
  stehen können (Aufgabe 1b und 1c),
- differenzieren zwischen möglichen Nomen-Verb-Verbindungen und geben inhaltliche Anregungen zum
  Thema (Aufgabe 1d).

1

a Die Schüler beantworten die Fragen in Einzelarbeit und vergleichen dann in Partnerarbeit.

b Die Schüler sollen im Unterricht im Internet recherchieren. Teilen Sie die Klasse in zwei Gruppen ein: eine
für „alte" und eine für „neue" Medien. Wenn kein Internet vorhanden ist, geben Sie Material in Kopien an die
zwei Gruppen aus. Innerhalb jeder Gruppe sammeln die Schüler zu zweit oder in Kleingruppen Antworten
und präsentieren dann ihre Ergebnisse. Fassen Sie die Ergebnisse an der Tafel zusammen.

c Die Aufgabe soll den vorhandenen Wortschatz aktivieren. Sie können ggf. in einer Vorentlastung zunächst
nur einzelne Stichpunkte zu den Nomen suchen und an der Tafel notieren lassen, z.B. als Mindmap. So
erreicht man auch eine Differenzierung des Wortschatzes.

d Lassen Sie die Aufgabe in Einzelarbeit lösen und den Text dann kurz zusammenfassen. Außerdem kann
der Text Ausgangspunkt für eine offene Diskussion im Plenum sein. Man kann z.B. fragen: Kann der Lehrer
wirklich ein Berater sein? Gibt es wirklich Gefahren? Welche?

Überblick · Inhalte · Arbeitsformen

Im 2. Teil der schriftlichen Prüfung geht es um das Hörverstehen (➤ S. 13). Zunächst werden Vorübungen angeboten, die das Hörverstehen erleichtern. Deshalb beginnen wir mit HV 2.

Die Aufgaben im Teil „Training Hörverstehen" …
- dienen der Vorentlastung des Hörverstehens,
- üben synonyme Formulierungen,
- machen mit den Prüfungsaufgaben von HV 2 bekannt.

1

a Die Schüler sollen dafür sensibilisiert werden, dass die Formulierungen im Hörtext und den Aufgaben selten identisch sind. Üben Sie daher im Unterricht nicht nur, wie man Synonyme findet, sondern auch das Umformulieren ganzer Aussagen wie in dieser Aufgabe. Lassen Sie die Aufgabe in Einzel- oder Partnerarbeit lösen und vergleichen und korrigieren Sie dann im Plenum.

b Sprechen Sie im Plenum über das Thema. Je nach Größe der Klasse und Lernfortschritt können Sie auch Kleingruppen bilden, in denen dann über das Thema gesprochen wird.

c Die Schüler hören den Text und müssen drei Aussagen vier Personen zuordnen. Eine Aussage soll also zweimal angekreuzt werden. Bevor die Schüler zu hören beginnen, besprechen Sie mit ihnen die Unterschiede zwischen den drei Aussagen. Machen Sie die Schüler noch einmal darauf aufmerksam, dass sich die Formulierungen in der Aufgabe und im Hörtext unterscheiden können.

d Beim zweiten Hören des Texts müssen die Schüler unter sechs vorgegebenen Aussagen diejenige finden, die am besten zu den vier Personen passt. Besprechen Sie mit den Schülern auch diese Aufgabe vor dem Hören, damit sie verstehen, dass zwei Aussagen überhaupt nicht passen.
Zur Kontrolle hören Sie ein drittes Mal und machen eine Pause bei der zur Lösung passenden Textstelle.

Überblick · Inhalte · Arbeitsformen

Hier lernen die Schüler erstmals den Prüfungsteil „Schriftliche Kommunikation" kennen. Stellen Sie alle Übungen in diesem Teil in den Gesamtzusammenhang: Es geht darum, sich einen Text als Ganzes zu erschließen und daraus für das eigene Verfassen von Texten zu lernen. Verweisen Sie immer wieder auf das bereits Gelernte.

Die Aufgaben zur schriftlichen Kommunikation …
- erklären die Bestandteile der schriftlichen Kommunikation (Infokasten),
- erklären, wie man sich einem Text allgemein und über Vermutungen nähert (Aufgabe 1a),
- erklären, wie man Informationen herausarbeitet (W-Fragen),
- helfen, erste Redemittel für die Textwiedergabe zu sammeln.

Die meisten Aufgaben sollten die Schüler alleine bearbeiten, erst beim Vergleich oder der Diskussion der Ergebnisse bietet sich Partnerarbeit an (siehe auch Symbole im Übungsbuch).

1

a – b In diesen Aufgaben lernen die Schüler, sich einem Text zu nähern. Die Schüler notieren zunächst ihre Vermutung zur Überschrift und lesen dann den Text. Beim Lesen notieren die Schüler wichtige Punkte.

c – e Hier können Sie die Arbeit mit dem Wörterbuch üben lassen. Fragen Sie Ihre Schüler, was für sie ein „wichtiges" Wort ist. Regen Sie zur Analyse an. Fordern Sie Ihre Schüler auf, sich die Wörter aus dem Kontext zu erschließen. Erst später erlauben Sie die Arbeit mit dem Wörterbuch. Nennen Sie ggf. selbst wichtige Wörter, z. B. Straftat, Stichprobe, Disziplinarausschuss, wenn die Schüler sie noch nicht genannt haben. Schauen Sie, welche Schüler diese Wörter unterstrichen oder notiert haben und bitten Sie sie, die Bedeutung im Wörterbuch nachzuschlagen und den anderen zu erklären.

f Die Schüler sprechen zu zweit über den Text und verarbeiten so nochmals die Informationen im Detail.

2

a Lassen Sie die Schüler den Text lesen und dazu Notizen machen. Diskutieren Sie dann kurz im Plenum darüber, ob nur relevante Informationen markiert wurden.

b Die Schüler sammeln in Einzelarbeit die Redemittel, vergleichen Sie dann kurz im Plenum.

c Machen Sie Ihre Schüler darauf aufmerksam, dass es diese oder ähnliche Redemittel auch in ihrer Muttersprache gibt. Die Schüler können zudem auch an bereits Gelerntes anknüpfen. Machen Sie deutlich, dass jede/r Schüler/in selbst für diese Redemittel „verantwortlich" ist. Bestimmen Sie evtl. einen Schüler als „Spezialisten" in der Klasse für Redemittel zur Textzusammenfassung. Dieser Schüler dokumentiert den Stand der Sammlung für alle einsehbar auf ein A3-Papier, das Sie im Klassenraum aufhängen können.

d Die Schüler sollen das erworbene Wissen nun am Text „Kopieren geht vor Studieren" ausprobieren. Sie können das mündlich machen lassen und mit Bankrücken dreimal wiederholen. Das hat den Vorteil, dass die Schüler die Redemittel trainieren und auch von den Beiträgen anderer profitieren. Daran schließt sich die schriftliche Ausführung an.

e Die Schüler sollen lernen, andere Texte kritisch zu bewerten. Sie nehmen die Position des Lehrers ein. Dies ist zum Beispiel auch wichtig, wenn sie später in den Übungen zum mündlichen Ausdruck die Position des Prüfers einnehmen sollen. Hier erwerben Sie die Kompetenzen dafür. Erklären Sie, dass die Schüler alle Fragen aus der Checkliste durchgehen sollen. Es geht bei dieser „Korrektur" nicht um Rechtschreibung oder Grammatik, sondern um die relevanten Informationen und um die Redemittel. Verdeutlichen Sie das Ihren Schülern.

f Bilden Sie 10 Gruppen und geben Sie jeder Gruppe die Aufgabe, zuhause gemeinsam einen Text auszuwählen, den sie in den Unterricht mitbringen. Lassen Sie dann im Unterricht jede Gruppe eine Textwiedergabe zu ihrem Text schreiben und dann die weitere Aufgabe (Zuordnung Textwiedergabe zu Text) im Plenum lösen. Moderieren Sie die Zuordnung und lassen Sie die Zuordnung auch begründen. Achtung: Bringen Sie zur Sicherheit auch selbst Texte in den Unterricht mit, falls nicht alle Gruppen einen Text gefunden haben.

> **Tipp**
>
> Sie können auch die Klasse in Gruppen einteilen, in denen jeweils Leistungsstärkere mit Schwächeren zusammenarbeiten (sogenannte Komplementärgruppen). So können sich alle etwas gemeinsam erarbeiten, sich gegenseitig unterstützen und helfen.

Training Mündliche Kommunikation · S. 17

Überblick · Inhalte · Arbeitsformen

Im ersten Teil der mündlichen Prüfung sollen die Schüler einen fünfminütigen Kurzvortrag zu einem Thema halten. Dabei ist es sinnvoll, zunächst mit einer Definition des wichtigsten Begriffs bzw. der wichtigsten Begriffe zu beginnen. Dies wird im Folgenden geübt.

Die Aufgaben zur mündlichen Kommunikation …
- erklären, wie W-Fragen beim Definieren helfen (Aufgabe 1a),
- üben Redemittel für das Definieren von Begriffen ein (Aufgabe 1b),
- trainieren das Formulieren eigener Definitionen (Aufgaben 1c und 2).

1

a Die Schüler lesen eine Definition und beantworten W-Fragen dazu. Die W-Fragen helfen nicht nur den Begriff selbst zu definieren, sondern auch die Aussage auszubauen.

b Die Schüler suchen Redemittel, die beim Definieren behilflich sein können. Lassen Sie die Schüler ihre Redemittel z.B. in Kleingruppen vergleichen und ergänzen.

c–d Die Aufgabe führt die Schüler dahin, eigene Interessen zu benennen und definieren. Erinnern Sie Ihre Schüler daran, dass sie Definitionen sowohl im mündlichen als auch im schriftlichen Prüfungsteil verwenden können.

2

Die Schüler arbeiten zu zweit und üben spielerisch Definitionen. Die vorgegebenen Begriffe sind nur Beispiele. Das gegenseitige Bewerten der Schüler können Sie z.B. so durchführen lassen: In der mündlichen Kommunikation bilden Sie zunächst Paare, die sich im Anschluss an die Übung auf zwei besonders gelungene Definitionen einigen. Bilden Sie dann jeweils Gruppen aus zwei Paaren, also vier Schülern, in denen die Definitionen vorgestellt und gegenseitig bewertet werden. Alternativ können Sie auch die Paare „teilen" und jeweils neue Paare bilden, in denen jede/r dann zwei Definitionen vorstellt und umgekehrt bewertet. In der schriftlichen Kommunikation können Sie einzelne Definitionen an die Tafel schreiben, ohne den Verfasser zu nennen, und sie von den Schülern bewerten lassen. Achten Sie darauf, hier positive Beispiele zu nehmen und selbst auch zunächst die Stärken der Definition zu nennen, erst dann eventuelle Schwächen.

Tipp

Die W-Fragen können auch bei einem Blackout in der Prüfung helfen, da mit ihnen die Antwort strukturiert wird und sie so helfen, den Stress zu überwinden.

Portfolio 1: Themenwahl für die Projektarbeit ❯ S. 18

Überblick

Die Schüler sollten an einem Thema arbeiten, das sie interessiert, denn nur so sind sie engagiert und motiviert. Das kann auch ein Thema sein, zu dem der Schüler noch nicht viel weiß, aber eben mehr wissen will. Das Thema kann aber auch mit dem zukünftigen Studiengebiet verbunden sein. Sprechen Sie darüber kurz mit den Schülern. Je höher die Motivation an der Arbeit, desto größere Chancen für ein gutes Portfolio.

1

a Der erste Schritt ist die Themenwahl. Die Schüler ordnen die Themen zunächst den Bereichen zu. Fragen Sie auch: Was verbindet die Themen? Was ist an den Themen charakteristisch? Weisen Sie nochmals darauf hin, dass jedes Thema kontrovers diskutiert werden kann, dass es immer Für und Wider gibt.

b Die Schüler ergänzen in Einzelarbeit, denn es geht um die eigenen Interessengebiete.

c Bilden Sie Kleingruppen und geben Sie den Zeitrahmen für die Gruppenarbeit vor (z.B. 10 Minuten). Die Schüler sprechen über ihre Interessengebiete und helfen sich gegenseitig, ein Thema in dem jeweiligen Gebiet zu finden. Gehen Sie von Gruppe zu Gruppe und unterstützen Sie die Schüler.

d Jeder Schüler hält individuell sein Interessengebiet und ein mögliches Thema fest.

Selbstevaluation ❯ S. 19

Die Selbstevaluation ist ein wesentlicher Bestandteil der Beobachtung und Dokumentierung des Lernprozesses für den einzelnen Schüler. Erklären Sie diesen Prozess. Der Schüler kann seinen Lernfortschritt dokumentieren bzw. das Gefühl für seine Leistungen selbst entwickeln – ohne Benotung durch Sie. Ihre Aufgabe besteht darin, aus der Selbsteinschätzung des Schülers Aufgaben für das Selbststudium abzuleiten. Geben Sie dem Schüler zusätzliche Aufgaben, wenn er danach verlangt. Sie können den Lernprozess dann auch kontrollieren, indem Sie dem Schüler die Möglichkeit geben, seine zusätzliche Arbeit in der Klasse zu präsentieren.

Jedes Kapitel schließt mit einer Sammlung von Wörtern ab, die der Schüler zum Thema zusammenstellt. Diese Wiederholung trägt zur Memorisierung der Wörter bei. Leiten Sie diesen Prozess solange an (z.B. durch Beispiele an der Tafel, durch individuelle Hilfe beim Ergänzen der Liste), bis die Schüler dazu übergehen, die Aufgabe eigenständig zu bewältigen.

2 Umwelt

Wortschatztraining Umwelt ➤ S. 20–21

Überblick · Inhalte · Arbeitsformen

In allen Prüfungsteilen spielt die Verfügbarkeit der sprachlichen Mittel eine entscheidende Rolle. Der differenzierte (und präzise) Wortschatz ist bei der Bewertung ausschlaggebend.

Das Thema „Umwelt" ist ein wichtiges Thema, für das wir die junge Generation sensibilisieren wollen. Die Bilder signalisieren die Hauptprobleme. Die Aufgaben aktivieren das Vorwissen des Schülers, das er in anderen Fächern erworben haben sollte. Die Wortschatzaufgaben …

- aktivieren Vorkenntnisse durch Zuordnung von Wörtern und Bildern (Aufgabe 1a),
- helfen, Komposita zu erklären / umschreiben (Aufgabe 1b),
- helfen, Komposita zu bilden (Aufgabe 1c),
- ordnen Begriffe und Wörter zu (Aufgaben 1c, 2, 3),
- helfen, Internationalismen und Definitionen zu verstehen (Aufgaben 4, 5).

1

a – c Die Aufgaben erweitern einerseits den Wortschatz zum Thema Umwelt, üben andererseits den Umgang mit Komposita. Sprechen Sie in der Klasse darüber, wie Komposita gebildet werden (Bestimmungs-Grundwort = Artikelgeber). Helfen Sie vielleicht nochmals mit einem einfachen Beispiel:

Bestimmungswort	Grundwort
Haus-	-tür (die)
Wohnungs-	-tür

Auf der einen Seite sollen die Schüler Komposita erklären (Aufgabe 1b). Regen Sie den Versuch an, es mit eigenen Worten zu sagen. Eine Umstellung wie im Beispiel ist eine Möglichkeit (Genitivattribut), die andere wäre einen Relativsatz zu bilden (z. B. ein Gebiet, wo die Natur geschützt wird). Ein Kompositum bilden (Aufgabe 1c) ist die andere Aufgabe.

Das besondere Plus

Geben Sie Begriffe aus dem Wortfeld Umwelt vor, z. B.: *Müll, Kläranlage, Lärm, Abfall, Erde, Wald, Klima, Treibhauseffekt, Flasche, Schadstoffe, Wiederverwertung, Öl, Grünanlage, Energie, Natur.*
Jeder Schüler wählt einen Begriff aus und ergänzt auf einem Blatt dazu passende Wörter (auch mithilfe des Wörterbuchs). Kontrollieren Sie in dieser Phase die Arbeiten der Schüler. Abschließend können die Blätter für alle in der Klasse aufgehängt werden. Nach Möglichkeit können Sie die Blätter auch kopieren oder einscannen, sodass jeder Schüler alle Blätter für seine eigene Arbeit bekommt.

Eine weitere Zusatzaufgabe, mit der die Schüler allgemeine Wortschatzarbeit üben, ist die „Wortkette": Jeder Schüler notiert auf ein Blatt einen Begriff (z. B. „Wasser"). Er reicht das Blatt an den Nachbarn rechts weiter, der – mithilfe des Wörterbuchs – ein Wort ergänzt und so ein zusammengesetztes Substantiv bildet (z. B. „Wasserkraft"). Er reicht das Blatt wieder an den Nachbarn rechts weiter, der wiederum mit dem zweiten mit der 2. Worthälfte ein neues Kompositum bildet (z. B. „Kraftwerk"). Alle Schüler arbeiten gleichzeitig und üben so auch den Umgang mit dem Wörterbuch.

2

Bei der Formulierung eines vollständigen Satzes braucht man zumeist ein Nomen und ein Verb. Wenn die richtige Verbindung gewählt wurde, lassen Sie von den Schülern Sätze bilden.

3

Diese Aufgabe hat zwar auch die Form einer Zuordnung, doch das Zuordnen erfordert von dem Lehrer eine zusätzliche Erklärung, vor allem in den Ländern, wo das Müllsortieren nicht zur täglichen Routine gehört.

Hier eine kleine Übersicht:

Das besondere Plus: Müll und Recycling in Deutschland

In Deutschland gibt es ein Recycling System. Nachdem die Bürger ihren Müll zuerst sortiert haben, werfen sie diesen dann in eine entsprechende Tonne. Die Farben der Tonnen informieren, welcher Müll hinein gehört.

In die **Gelbe Tonne** (oder Gelbe Säcke) gehören Kunststoffflaschen, -becher und -folien, Milch- und Safttüten, Vakuumverpackungen aus Verbundstoffen, Weiß-Blechdosen und -deckel, Menüschalen (Mikrowelle), Deckel und Folien aus Aluminium.

In die **Blaue Tonne** (Altpapiertonne) gehören Papiertüten, Pappschachteln, Zeitungen, Zeitschriften, Werbeprospekte.

In die **Glastonne** gehören Konservengläser, Flaschen aus Glas. Hierbei wird in Braunglas, Grünglas und Weißglas unterschieden.

Um Lärmschutz zu gewährleisten, gibt es bestimmte Einwurfzeiten, die auf oder an den Behältern stehen.

In die **Braune Tonne** (Biotonne) werden alle in dem Haushalt biologisch verwertbaren Abfälle beseitigt. Die Biotonne kann auch grün sein, hat aber einen braunen Deckel und braunen Aufkleber.

Für die Biotonne eignen sich:
- Aus dem Garten: Rasenschnitt, Laub, Baum- und Strauchschnitt, Ernterückstände, Stauden, Fallobst, Wasserpflanzen
- Aus Küche und Haus: ungewürzte und ungekochte Obst- und Gemüseabfälle, Pflanzen, Blumenerde in Kleinmengen, alte Brotreste, Tee- und Kaffeesud
- Grundsätzlich gilt: Nur jene Abfälle gehören in die Biotonne, die auch auf den Komposthaufen gegeben werden.

In die **Schwarze Tonne** (Restabfalltonne) gehören:
- Hygieneartikel: Babywindeln, Krankenunterlagen, Tampons, Binden, Schwämme, Watte, Wattestäbchen, Einmalhandschuhe, Zahnbürsten, Einwegrasierer
- Glas: Spiegel, optische Gläser, Glühlampen
- Haushaltswaren: Ton, Porzellan, Keramik, Steingut, Einweg-Feuerzeuge, Kosmetika, Thermoskannen
- Textilien: Perlonstrümpfe, Stoff- und Lederreste, Putzlappen

Neu: Spätestens 2015 soll es überall in Deutschland eine orangefarbene Wertstofftonne geben. In den Behältern sollen u.a. Elektroschrott wie Computertechnik, DVDs, Kameras und Haushaltsgeräte gesammelt werden. Diese Informationen unterliegen ständigen Veränderungen. Bitte informieren Sie sich.

4

Nicht wegzudenken sind internationale Wörter im Wortschatz eines jeden Landes. Suchen Sie gemeinsam nach den Entsprechungen in der Muttersprache.

5

Die Beherrschung von kleinen kurzen prägnanten Definitionen für die mündliche Prüfung wird mit dieser Übung angeregt. Definieren muss nicht schwer sein.

> **Tipp**
>
> Es ist abwechslungsreicher, wenn Sie die Wortschatzaufgaben nicht alle hintereinander bearbeiten, sondern diese über die Stunde oder ggf. auch mehrere Stunden „verteilen".

Überblick · Inhalte · Arbeitsformen

Diese Aufgaben machen das erste Mal bekannt mit dem Format Leseverstehen 2. Die Schüler üben, sich einem Text zu nähern, sozusagen vorhandenes Wissen zu aktivieren. In den nächsten Schritten werden die Schüler in die Techniken (z. B. Signalwörter) eingeführt, die sie zum Lösen dieser Aufgabe brauchen – sie sollen eine Entscheidung fällen, ob die Aussagen **so** im Text stehen (Ja), nicht so im Text zu finden sind, sondern anders (Nein) oder ob zu dieser Aussage gar nichts im Text steht. Die Schüler werden angeregt, eigenen Wortschatz zu aktivieren, um die Aussage anders wiederzugeben und um so vergleichen und entscheiden zu können. Das ist eine weitere Technik. D. h., es geht auch darum, den passiven Wortschatz in aktiven Wortschatz zu transferieren. Sie bekommen hierfür Anregungen. Es wird in den Aufgaben in die drei Möglichkeiten (s. o.) eingeführt.

Die Aufgaben zum Leseverstehen erklären ...
- wie man sich Zugang zum Thema verschafft und Vorwissen aktiviert (Aufgabe 1),
- wie man Textstellen findet, die relevant zum Lösen der Aufgaben sind (Aufgabe 2),
- wie man die Lösung herausarbeitet (Aufgabe 3),
- welches Lösungsmuster hinter den Aufgaben steht (Aufgabe 4),
- wie die Aufgabe in der Prüfung aussieht.

1

a – b Die Schüler sollen hier an bereits vorhandenes Wissen anknüpfen. Sie sollen sich darüber austauschen. Das kann auch mit einem Text sein, den sie in ihrer Muttersprache gelesen oder gehört haben. Sie können die Aufgabe als Partnerarbeit lösen lassen oder im Plenum auswerten.

2

a Die Schüler lesen den kompletten Text. Dies ist auch eine Herangehensweise für das Lösen der Aufgabe LV 2: Man orientiert sich und sammelt Informationen. Gewöhnen Sie Ihre Schüler sofort daran, dass sie in der Prüfung für das LV kein Wörterbuch benutzen dürfen. Erst später (nachdem die Aufgaben gelöst wurden) erlauben Sie den Zugriff auf das Wörterbuch! Generell können Sie nach dem Lesen und Lösen Wortschatz aufarbeiten lassen. Fordern Sie die Schüler auf, jetzt nach wichtigen, schönen, interessanten oder für den Text relevanten Wörtern zu suchen. Arbeiten Sie mit Haftklebezetteln. Fordern Sie Ihre Schüler nach jeder LV-Aufgabe dazu auf, bis sie es selbstständig machen. Nutzen Sie die letzte Seite des Kapitels „Selbstevaluation – Meine Wortliste zum Thema …".

b – c Die Schüler durchsuchen den Text nach den „Signalwörtern". Signalwörter kennen die Schüler bereits aus LV 1. D. h., sie lernen die Textstelle aufzufinden, wo dann eine Enscheidung zu treffen ist, ob der Text die Aussage so oder anders oder gar nicht wiedergibt. Heben Sie nach dem Finden der Textstellen den „Tipp" im Kasten hervor. Differenzieren Sie durch eine Notiz an der Tafel die Leseformen: Aufgabe 1 = global, Aufgabe 2 = selektiv und nach Aufgabe 3 = detailliertes Lesen.

3

a Aufgabe 3 leitet die Schüler an, anhand des Texts herauszufinden, ob eine Aussage richtig oder falsch ist oder ob im Text nichts dazu steht. Helfen Sie den Schülern ggf. bei der ersten Aussage, diese mit eigenen Worten zu formulieren. Schreiben Sie unterschiedliche Erklärungen bzw. Kernaussagen an die Tafel und lassen Sie die Schüler die Stärken jeder Kernaussage benennen (z. B. „besonders kurz", „sehr verständlich", „enthält alle wichtigen Informationen" o. Ä.). Beim Formulieren der Aussagen mit eigenen Worten aktivieren die Schüler zudem ihren Wortschatz.

b Weisen Sie darauf hin, dass die Lösung „falsch" lautet, weil die Aussage das Gegenteil dessen formuliert, was im Text steht.

c Weisen Sie darauf hin, dass die Aussage hier dem Text zwar ähnlich ist, aber eben nicht genau die Aussage des Texts wiedergibt.

4

Die Schüler ergänzen den Info-Kasten in Einzelarbeit. Vergleichen Sie kurz im Plenum.

5

Weisen Sie die Schüler nochmals auf den Lösungsweg hin, den sie in der Arbeit zuvor eingeübt haben. Hier sollen die Schüler selbstständig die Lösungen erarbeiten. Besprechen Sie die Lösungsvorschläge im Plenum und lassen Sie sie immer begründen.

Training Hörverstehen   ➤ S. 25 – 26

Überblick · Inhalte · Arbeitsformen

Im zweiten Kapitel machen wir den Schüler mit dem Aufgabentyp HV 3 bekannt. Der Text ist eine Reportage über die Anfänge der Umweltschutzbewegung.

Die Aufgaben zum Hörverstehen …
- machen mit dem Aufgabentyp bekannt (Aufgabe 2a),
- bereiten auf das Lösen einer Multiple-Choice-Aufgabe vor (Aufgabe 2b),
- trainieren spielerisch, Synonyme zu finden (Aufgabe 1c),
- erweitern synonyme Formulierungen bzw. sensibilisieren dafür (Aufgabe 1a, b).

1

a In dieser Aufgabe müssen die Schüler erkennen, welche 3 Wörter die gleiche oder entsprechende Bedeutung haben – ein Wort passt nicht. Machen Sie die Schüler darauf aufmerksam, dass man in den Aufgaben häufig Synonyme zu den Wörtern im Hörtext findet. Deswegen ist das systematische Training von Synonymen sowie Umschreibungen von besonderer Bedeutung. Sie können diesen Hinweis nicht oft genug geben!

b Diese Aufgabe ist eine praktische Umsetzung der Arbeit mit Synonymen in der Aufgabe 1a. Die Schüler konzentrieren sich beim Hören auf synonyme Formulierungen, die sie aus den Kontexten isolieren müssen.

c In dieser Aufgabe üben die Schüler spielerisch den Umgang mit Synonymen.
Jeder Schüler bekommt 5 Karten oder schneidet aus einem Blatt 5 Karten. Auf jede Karte schreibt er einen Begriff. Dann beginnt der „Wörtermarkt": Jeder Schüler muss von seinen Mitschülern Synonyme zu seinen eigenen Begriffen „sammeln". Für jedes Synonym muss er aber auch selbst ein Synonym „geben". Beispiel: Schüler A hat den Begriff „sich sorgen um" und möchte dafür ein Synonym. Schüler B kennt eine Lösung, möchte aber selbst ein Synonym für „Umwelt" haben. Wenn Schüler A ein Synonym kennt, können die beiden die Synonyme austauschen; wer kein Synonym für den gewünschten Begriff kennt, muss zu einem anderen Schüler gehen und dort versuchen, Synonyme zu tauschen. Das Spiel endet, wenn der erste Schüler für seine 5 Begriffe von anderen Schülern „gesammelt" hat.

2

a Die Schüler unterstreichen die Signalwörter in den Aufgaben. Dies hilft bei der Lösung, da sie die Aufmerksamkeit beim Hören auf die zentralen Begriffe richten.

b Die Schüler lösen die Aufgabe in Einzelarbeit. Vergleichen Sie die Lösungen im Plenum.

Training Schriftliche Kommunikation   ➤ S. 27 – 28

Überblick · Inhalte · Arbeitsformen

Hier werden die bereits erworbenen Kenntnisse über die eigenständige Wiedergabe wichtiger Informationen aus dem Text aufgenommen, wiederholt und weiterentwickelt. Außerdem wird die Redemittelsammlung erweitert. Eigenständig heißt in diesem Zusammenhang auch, dass man eigenen Wortschatz aktiviert und das wird dem Schüler hier durch Übungen vermittelt.

Die Aufgabe zur Schriftlichen Kommunikation …
- wiederholt und erweitert Redemittel zur Textwiedergabe (Aufgabe 1b),
- übt an einem Beispiel (Aufgabe 2a),
- weist darauf hin, dass weitestgehend eigenständiger Wortschatz aktiviert werden sollte und zeigt mögliche Wege dazu auf (Aufgabe 2b),
- regt an, sich im Team Synonyme zu erarbeiten (Aufgabe 3).

1

a Sie können hier einen kleinen Wettkampf zwischen den Schülern organisieren. Kontrolle ist durch das Übungsbuch, Kapitel 1, möglich. Volle Punktzahl (3) bekommt man nur, wenn das Redemittel exakt geschrieben wurde. Alternativ lassen Sie von den Schülern alle Redemittel an die Tafel schreiben, an die sie sich erinnern, und vergleichen dann mit Kapitel 1.

b Legen Sie eine gemeinschaftliche (Klassen-)Redemittelsammlung an; das kann ein A3-Blatt sein, das ein Schüler zur „Verwaltung" bekommt, d.h., der Schüler ist verantwortlich für diese Redemittel. Alternativ können die Schüler abwechselnd Protokoll über neue Redemittel führen; die Blätter mit den Redemitteln werden dann im Klassenzimmer aufgehängt.

2

a Bei der zweiten Aufgabe lassen Sie die Schüler allein wichtige (relevante) Informationen herausarbeiten.

b – c Diese Infos werden in der Aufgabe 2b mithilfe des angebotenen, anderen Wortschatzes umgearbeitet. Die Schüler können diese Erkenntnis mit in die eigene Textwiedergabe (Aufgabe 2c) einfließen lassen.

3

Regen Sie das Spiel an. Begleiten Sie die Gruppen. Helfen Sie ggf. schwächeren Schülern. Weisen Sie ggf. nochmals ausdrücklich darauf hin, dass Wörterbücher oder andere Hilfsmittel erlaubt sind.

Training Mündliche Kommunikation ➤ S. 29

Überblick · Inhalte · Arbeitsformen

In diesem Teil wird die Arbeit der Schüler am Kurzvortrag fortgesetzt.

Die Aufgaben zur mündlichen Kommunikation …
- zeigen, wie man Stichwörter zum Thema findet,
- üben die Wahl der Stichwörter zu begründen (Aufgabe 1),
- helfen, Stichwörter in eine logische Reihenfolge zu gruppieren und weisen auf eine logische Gliederung des Vortrags hin (Aufgabe 2).

1

a – c Die Schüler suchen nach Stichwörtern zum Thema „Nationalpark", die sie dann begründen lernen. Durch die gemeinsame Suche nach den Stichwörtern lernen die Schüler, dass ein Thema viele sehr unterschiedliche Bereiche umfasst. Diese Aspekte werden dann definiert, erläutert und begründet, inwieweit sie wichtig oder interessant sind. Genau so müssen die Schüler auch in der mündlichen Prüfung Stichwörter auswählen und die Wahl begründen.

d Aus einer Wortschlange muss der Schüler die Definition des Begriffs „Nationalpark" erschließen. So übt er die Klein- und Großschreibung sowie Satzzeichen und erfährt anschließend, wie „Nationalpark" definiert wird. Man kann die Aufgabe als einen kleinen Wettbewerb verstehen: Wer macht das schneller?

2

a – b Machen Sie vor dieser Aufgabe evtl. eine kleine Übung zu Nominalisierungen. Schreiben Sie Sätze an die Tafel, z.B. „Für den Nationalpark ist der Staat, aber auch der Bürger verantwortlich." Nominalisiert heißt das: Verantwortung haben Staat und Bürger.
In diesem Zusammenhang kommt auch die bereits eingeübte Wortschatzarbeit (Nomen-Verb-Verbindungen) zum Tragen. Bitten Sie Ihre Schüler deshalb auch, die Verben zu den Nomen zu notieren!
In Aufgabe 2a soll jeder Schüler zu jedem Stichwort einige Stichpunkte schreiben, die die Grundlage seines mündlichen Vortrags bilden. In der Prüfung hat der Schüler nur 20 Minuten Zeit für seine Vorbereitung, er soll also üben, seine Notizen stichpunktartig zu schreiben und daraus beim Sprechen ganze Sätze zu bilden. Die Schüler vergleichen dann ihre Gliederungen und diskutieren darüber. Kontrollieren Sie bei einem Rundgang durch die Klasse, dass die Schüler auch wirklich nur Stichpunkte notieren.

1

Die erste Aufgabe eignet sich gut als Hausaufgabe. Wir empfehlen, dass der Schüler nicht nur seine Mitschüler / Freunde, sondern auch seine Familie in die Diskussion einbezieht. Die Schüler können ähnliche Plakate als Resultat des Brainstormings (egal mit wem gemacht) anfertigen und in der Schule zeigen. Die Diskussionsresultate können auch auf DIN-A4-Blättern gesammelt werden. Dieses Blatt (oder ein Foto des Plakats) gehört auch in das Portfolio.

2

a – b Mit den Aufgaben soll der Schüler ein Bewusstsein dafür entwickeln, welche Erwartungen sein Thema erfüllen muss. Die Aufgaben führen ihn zu einer Auseinandersetzung mit den Kriterien und der Schüler kann selbst prüfen, ob sein Thema die Kriterien erfüllt.
Wahrscheinlich werden die Schüler bei den Kriterien viele Fragen an den Lehrer haben.

Als Faustregel gilt zuerst:

> *Rein expositorische oder nur historisch beschreibende Themen eignen sich nicht.*

Rein *expositorische* Themen (z.B. *Johann Wolfgang Goethe, der Mauerfall*) sind Themen, bei denen man den Inhalt nur darstellen kann (Exposition = Darstellung) und die zu keiner Diskussion einladen.
Die Themen der Schüler sollen diskutabel, vieldeutig und sogar strittig sein. Der Schüler muss seine eigene Meinung zu dem Thema bilden und sie dann bei der Prüfung auch verteidigen. Auch historische oder literarische Themen müssen also so gewählt werden, dass man sie kontrovers diskutieren kann: *Ist Goethes „Faust" noch für den Schulunterricht geeignet?*
Die Themen müssen nicht unbedingt in elliptischen Sätzen formuliert werden.
Es können auch Fragen, Zitate oder Sprichwörter sein:

- „Sport ist keine heile Welt, aber eine Welt, die heilen kann." (Gerhard Uhlenbruck, dt. Arzt)
- Ist eine multikulturelle Gesellschaft möglich?

Helfen Sie den Schülern dabei, den Zeitaufwand für ein Thema einzuschätzen und das Thema ggf. einzugrenzen.

Gehen Sie hier wieder auf die Selbstevaluation ein. Ihre Aufgabe besteht in der Anregung dieses Prozesses und in einem Gespräch mit den Schülern. Orientieren Sie sich an folgenden Fragen: Wo können Sie Tipps geben? Was kann bzw. sollte der Schüler selbst machen, um sich zu verbessern? Kontrollieren Sie den Lernprozess fortwährend durch weitere Gespräche oder ggf. auch kleine Präsentationen, die die Schüler halten sollen.

Auch dieses Kapitel schließt mit einer Sammlung von Wörtern ab, die der Schüler zum Thema selbst zusammenstellt. Diese Ergänzungen erfolgen während des Unterrichts, z.B. nach Abschluss einer Leseverstehens- oder Hörverstehensaufgabe (s. LV-Training, Aufgabe 2a). Leiten Sie diesen Prozess solange an, bis die Schüler Übung darin haben und dies eigenständig bewältigen können.

3 Technik und Wissenschaft im Alltag

Wortschatztraining Wissenschaft   ➤ S. 32

Überblick · Inhalte · Arbeitsformen

Das Thema Technik und Wissenschaft ist sehr breit gefächert und jeder, egal wofür er sich interessiert, kann etwas Wissenswertes in diesem Bereich finden. Die sich schnell entwickelnde Wissenschaft und Technik überraschen mit Entdeckungen, deren Einfluss auf manche Lebensgebiete sich nicht vorhersagen lässt. Außerdem eignet sich dieses Gebiet gut für die Suche nach einem entsprechenden Thema für das Projekt (letzter Teil der mündlichen Prüfung).

Die Wortschatzaufgaben in diesem Teil haben zum Ziel …
- die Wissenschaften / Wissenschaftsgebiete zu benennen (Aufgabe 1a),
- Regeln zu Endungen und Artikel zu wiederholen (Aufgabe 1b),
- Wortpaare (Nomen-Verb-Verbindung) zu bilden (Aufgabe 2),
- Verben mit Präfix *ver-* aus Adjektiven zu bilden (Aufgabe 3).

1

a Diese Übung können die Schüler als Spiel durchführen. Punkte erhält, wer ein Wissenschaftsgebiet gefunden hat, das keine anderen Schüler gefunden haben. Die Schüler suchen zu zweit nach Beispielen für jeden Buchstaben, dann lesen Sie ihre Beispiele allen vor. Für jedes „einzigartige" Wissenschaftsgebiet gibt es einen Punkt. Sie können diese Übung erweitern und die Schüler kurz beschreiben lassen, womit sich ein genanntes Wissenschaftsgebiet befasst.

b Vor Bearbeitung dieser Aufgabe lassen Sie die Schüler alle Endungen auf ihren Listen der Wissenschaften (1a) unterstreichen und bei 1b den jeweils richtigen Artikel aufschreiben.

2

Bei der Lösung dieser Aufgabe sollen die Schüler neben der Rektion der Verben vor allem darauf achten, dass man manche Verben mehrmals verwenden kann.

3

Lassen Sie die Aufgabe in Einzelarbeit lösen und in Partnerarbeit die Lösungen vergleichen. Helfen und erklären Sie bei Fragen oder Problemen. Weisen Sie die Schüler darauf hin, dass dieser Wortschatz insbesondere bei der Beschreibung von Statistiken wichtig ist.

Training Hörverstehen   ➤ S. 33 – 34

Überblick · Inhalte · Arbeitsformen

Die Texte bei der Prüfung beziehen sich oft auf aktuelle, manchmal kontroverse Themen. Auch der Hörtext in diesem Teil berührt ein umstrittenes Thema: die Veränderung von Genen.

Die Aufgaben dieses Teils …
- aktivieren die Fähigkeit, durch W-Fragen Textinformationen zu erschließen (Aufgabe 1),
- trainieren den Wortschatz (Aufgabe 2 und 3),
- trainieren globales Hörverstehen (Aufgabe 4).

1

Bevor Sie diesen Text bearbeiten, können Sie sich ggf. bei dem Biologielehrer erkundigen, was die Schüler zu diesem Thema bereits wissen. Fangen Sie die Stunde mit einem kurzen Gespräch darüber an. Je nach Situation wird der Text entweder eine Wiederholung der Biologiethemen oder etwas Neues sein.

2

Achten Sie bei dieser Aufgabe darauf, dass die Schüler ihre Entscheidungen nicht „nach Gefühl" treffen, sondern wirklich die Wörter verstehen. Als Hausaufgabe können die Schüler mit den Wörtern Sätze bilden.

3

In dieser Aufgabe üben die Schüler, neue Wörter zu lernen sowie den Wortschatz zu erweitern und dabei ggf. auch mit dem Wörterbuch zu arbeiten. Die Vokabelkärtchen können eine Lernmethode sein: Auf der Vorderseite steht der Begriff auf Deutsch (plus Artikel und Plural), auf der Rückseite die Bedeutung in der Muttersprache. Beim Üben der Begriffe kommen diejenigen Wörter, die der Schüler noch nicht weiß, in den „Wiederholungskasten" und werden in kurzem Abstand (z. B. am nächsten Tag) nochmals geübt. Erst wenn ein Begriff sofort bekannt ist, kommt die Karte ins „Archiv".

Das besondere Plus

Mit **„Falsche Freunde"** bezeichnet man ein Paar aus einem fremdsprachigen Wort und einem Wort der Muttersprache, das sich in Schrift oder Aussprache ähnelt, jedoch nicht in der Bedeutung. „Falsche Freunde" gehören zu den Übersetzungsschwierigkeiten und Interferenzfehlern und verleiten zu einer falschen Übersetzung. Einige Beispiele aus der englischen Sprache, die verbreitet falsch übersetzt werden:

englisches Wort	ähnelt	bedeutet aber
actual	aktuell	tatsächlich
become	bekommen	unter anderen „werden"
sensible	sensibel	vernünftig

4

a – c Die Schüler hören den Text dreimal. Lesen Sie mit den Schülern zuerst alle drei Aufgaben und besprechen Sie mit ihnen, was in jeder Aufgabe verlangt wird:
- Werden Einzelheiten erfragt?
- Ist es erforderlich Notizen zu machen?
- Worauf muss man sich bei jedem Hören konzentrieren?
  4a: Wo liegt der Unterschied zwischen diesen 3 Aussagen?
  4b: Hier können die Schüler evtl. ein Schlüsselwort bei jeder Person notieren (aber kein Zitat!).
  4c: Hier müssen die Aussagen genau verstanden werden. Wenn die Lösung einzelner Aussagen Probleme bereitet, spielen Sie sie nochmals vor und weisen Sie dabei auf die Textstellen hin, die für die Lösung wichtig sind. Achtung: Zwei Aussagen sind falsch bzw. werden so nicht im Hörtext genannt.

Training Leseverstehen
➤ S. 35–36

Überblick · Inhalte · Arbeitsformen

Hier lernen die Schüler das erste Mal den Aufgabentyp Leseverstehen 3 kennen. Die Schüler sollen verstehen, dass Texte durch Wörter, Strukturen und „diverse Hilfsmittel" wie Kohäsionsmittel zusammengehalten werden. Diese Beziehungen werden in den einzelnen Aufgaben erarbeitet. Die Schüler üben auch, diese Mittel zu erkennen und am Ende für sich selbst z. B. beim Schreiben zu aktivieren. Die Schüler leisten damit im LV eine Vorarbeit für die schriftliche Prüfung: Dort sollen diese Mittel angewendet (= selbst benutzt) werden.

Die Aufgaben zum Leseverstehen …
- erklären, warum zwei Sätze zusammen gehören (Aufgabe 1a, b),
- erklären, was einen Text zusammenhält (Aufgabe 1c, d, e),
- wenden die erlernten Lösungsstrategien an (Aufgabe 2).

1

a – b In der Aufgabe sollen die Schüler Sätze zusammenfügen. Es ist aber schwer, dies aufgrund inhaltlicher Kriterien zu tun. Regen Sie die Schüler an, darüber nachzudenken, warum sie diese zusammengefügt haben. Die Schüler sollen das zuerst allein machen und dann wird am besten im Plenum ausgewertet. Der Infokasten informiert darüber, was die Schüler im Leseverstehen 3 machen sollen. Weisen Sie nach der Aufgabe auf den Infokasten hin. Dieser begründet vorangegangene und nachfolgende Aufgaben.

c – d Sie können beide Aufgaben auch an die Tafel bringen oder auf Folie und von zwei Gruppen lösen lassen. Ein Schüler schreibt als „Abgeordneter" in die Kästchen die Wörter. Die gewonnene Erkenntnis (zu finden im Infokasten) wird öffentlich formuliert. Sie, als Lehrkraft, moderieren den Prozess.

e Durch die Pfeile – der Arbeit am Text – lernen die Schüler, wie sie Beziehungen visualisieren können.

2

In dieser Aufgabe wird das Format vorgestellt. Bei der Auswertung im Plenum kann man über die Lösung / den Lösungsweg diskutieren.

Das besondere Plus

Mit diesem Wissen können die Schüler selbst kleine Text schreiben, mit dem Nachbarn tauschen und gegenseitig kontrollieren. Gehen Sie herum und unterstützen Sie ggf. bei Problemen. Wichtig ist, dass die Schüler sich um „Alternativen" für das Wort bemühen. Diese Aufgabe kann auch als Hausaufgabe in kleinen Gruppen durchgeführt werden. Sie müssten dann vorab kontrollieren, ob die Texte und die Synonyme und Pronomen richtig sind. Dann kann man diese Texte kopieren und die selbst erstellten Aufgaben in der Klasse lösen lassen.

Ein Beispiel, das Sie auch schnell zur Verdeutlichung an die Tafel schreiben können:

Der Mond ist eine _____ (1) am Himmel. Dieser _____ (2) hat selbst kein Licht. Die Sonne strahlt _____ (3) an und _____ (4) reflektiert das Licht zurück. In der Literatur wird _____ (5) beschrieben und Schriftsteller haben für _____ (6) viele Namen erfunden, so z.B. „Mongolenschädel". Über _____ (7) gibt es viele Geschichten, z.B. die, wo _____ (8) zum Schneider geht und nie passt _____ (9) der Anzug, den _____ (10) der Schneider schneidert.

Lösungswörter:

er | ihn | Himmelskörper | ihm | ihn | er | Scheibe | ihn | ihm | er

---

Training Mündliche Kommunikation ➤ S. 37 – 38

Überblick · Inhalte · Arbeitsformen

Dieses Kapitel konzentriert sich weiter auf den ersten Teil der mündlichen Prüfung.
Die Schüler …
- üben Stichwörter zu gliedern und den Vortrag zu strukturieren (Aufgabe 1),
- wiederholen / lernen die Redemittel zu einem Vortrag (Aufgabe 2),
- üben einen Kurzvortrag zu halten (Aufgabe 2c),
- trainieren das freie Sprechen, zu diskutieren und zu widersprechen (Aufgabe 3a),
- bekommen Anregungen für weitere Kurzvorträge (Aufgabe 3b, c).

1

a Die Schüler beginnen mit der Wahl der Stichwörter. Weisen Sie darauf hin, dass die Schüler auch eigene Stichwörter ergänzen können. Immer vorgegeben ist „Bezug zur Literatur und / oder Film" – die Schüler müssen dieses Stichwort aber nicht wählen. Allerdings greift der Prüfer im anschließenden Gespräch gern auf die Stichwörter zurück, die nicht gewählt wurden. Regen Sie die Schüler deshalb auch an, über Stichwörter nachzudenken, zu denen ihnen nicht sofort etwas einfällt. Bei den Notizen sollten immer auch Nomen mit Verben kombiniert werden. Aus dieser Verbindung entsteht der Satz! Verweisen Sie hier auch auf die vorangegangene Übung „Wortschatztraining, Aufgabe 2".

b Lassen Sie die Schüler ihre Gliederung und Notizen gleich in einer ähnlichen Form machen wie bei der Prüfung. Fordern Sie die Schüler auf, die Notizen auf einem DIN-A4-Blatt zu machen, als ob dies eine Folie wäre. Anschließend kopieren Sie ein paar Beispiele tatsächlich auf Folie und besprechen sie im Plenum. Gehen Sie auf Schriftgröße, verschiedene Farben der Filzstifte, Druck- und/oder Handschrift etc. ein.

2

a In dem Kasten finden die Schüler einige Redemittel für ihren Vortrag. Lassen Sie diese (evtl. auch als Hausaufgabe) von den Schülern um weitere Redemittel ergänzen.

b Die Schüler sollen jetzt ihren Vortrag halten. Weil der Schwerpunkt dieser Aufgabe auf den Redemitteln liegt, können Sie Folgendes vorschlagen:
Die Schüler schreiben die Redewendungen auf kleine Streifen und kleben/legen sie an die entsprechende Stelle bei den Notizen. Haben sie die Wendung gebraucht, geht der Streifen zur Seite. Auf diese Weise merken sie, für welchen Teil sie die meisten Wendungen haben. Durch das zusätzliche Schreiben und Zuordnen prägen sich die Schüler die Redewendungen besser ein.

Die Schüler üben ihre Kurzvorträge in Partnerarbeit.

3

Die Aufgaben 3a, b, c können Sie auch in anderer Reihenfolge oder über mehrere Stunden verteilt bearbeiten. Sie könnten in jeder Stunde eine Aufgabe an den Anfang oder 15 Minuten vor dem Ende bearbeiten lassen.

a Bereiten Sie Karten mit Themen vor, z.B. „Raumfahrt", „Gentechnik", „Atomforschung", „Philosophie", „Betriebswirtschaft" etc. Schreiben Sie jeden Begriff einmal auf eine Karte und ergänzen Sie ein Pluszeichen, schreiben Sie denselben Begriff auf eine andere Karte und ergänzen Sie ein Minuszeichen. Sie benötigen für jeden Schüler eine Karte, also halb so viele Themen, wie Sie Schüler haben (bei 20 Schülern 10 Themen). Jeder Schüler erhält von Ihnen eine Karte. Weisen Sie die Schüler nochmals darauf hin, dass sie auch in der Prüfung zu einem Thema Vor- und Nachteile nennen und erklären sollen. Dann bearbeiten die Schüler die Aufgabe so, wie es in der Arbeitsanweisung beschrieben ist. Geben Sie den Schülern 15 Minuten Zeit für die Diskussion.

b Die Schüler spielen jetzt in Vierergruppen. Für diesen Teil des Spiels planen Sie auch etwa 15 Minuten Zeit.

c Geben Sie den ersten Teil der Aufgabe als Hausaufgabe auf.

In der nächsten Unterrichtsstunde kann man das Spiel fortsetzen. Die Schüler arbeiten wieder in ihren Vierergruppen mit den zu Hause vorbereiteten Karten. Um festzustellen, ob alle Aspekte tatsächlich angesprochen wurden, sollen die Schüler sie gleich nach jedem Kurzvortrag abhaken.

Wortschatztraining Grafiken lesen und beschreiben ➤ S. 39

Überblick · Inhalte · Arbeitsformen

Die Schüler sollen das Wissen aktivieren, das sie für Grafikbeschreibungen mitbringen. Der Wortschatz und die Strukturen für die Beschreibung von Grafiken werden erweitert und geübt.

Die Aufgaben ...
- geben den Grafiken Namen/Bezeichnungen (Aufgabe 1a),
- differenzieren Diagramme in ihrer Aussage über Entwicklungen, Mengen, Reihen- und Rangfolge (Aufgabe 1b) und gibt passenden Wortschatz zur Grafikauswertung in die Hand (Aufgaben 1b, c, 2)
- verbalisiert Entwicklungen und sensibilisiert für den richtigen Gebrauch von „sein" und „haben" (Aufgaben 2a, b).

1

a Die Schüler lösen die Aufgabe in Einzelarbeit.

b–c Mit der Zuordnungsaufgabe werden die Schüler damit vertraut gemacht, dass bestimmte Grafikformen für bestimmte Aussagen stehen. Mit der Zuordnung der Redemittel bekommen sie den entsprechenden Wortschatz in die Hand. Diese Aufgabe können die Schüler in Gruppen- oder Partnerarbeit lösen.

2

a – b Die Zuordnungsaufgabe knüpft an das Vorwissen an. Werten Sie die Aufgabe im Plenum aus: Lassen Sie Pfeile und Verben an der Tafel notieren und im selben Tafelbild „sein" oder „haben" ergänzen. Anschließend können die Schüler die Verben entsprechend auf Plakate notieren. Weisen Sie darauf hin, dass Fehler dieser Art besonders negativ bei der Bewertung auffallen.

Training Schriftliche Kommunikation ➤ S. 40–41

Überblick · Inhalte · Arbeitsformen

Diese Aufgaben führen die Schüler zur Auswertung einer Grafik. Die vorangegangene Wortschatzarbeit (S. 32 und 39) hat schon darauf vorbereitet. Es geht darum, eine Grafik sorgfältig zu lesen, wichtige Informationen herauszuarbeiten und zu versprachlichen. Die Auswertung kann in drei Schritten erfolgen ➤ Infokästen (S. 40 und 41):
1. Allgemeine Informationen der Grafik erfassen (Aufgabe 1a, b)
2. Detailauswertung: Hauptinformation, Details und Vergleiche (Aufgabe 2)
3. Schluss: Fazit / interpretatorische Zusammenfassung (Aufgabe 3)

1

a – b Sie können die Aufgabe auch als Partnerübung durchführen. Die Schüler suchen die entsprechenden Informationen in der Grafik und notieren die Angaben. Aufgabe b hilft, aus den stichpunktartigen Angaben einen Text zu schreiben. Um weiter zu üben, schließen Sie eine mündliche Übung an: In PA verbalisieren die Schüler anhand ihrer Notizen die allgemeinen Angaben zur Grafik.

2

a – b Die Schüler sollen herausarbeiten, welche Informationen ein anderer Schüler für wichtig empfunden hat und dann prüfen, ob sie diese Informationen für ebenso wichtig halten. Diskutieren Sie anschließend, ob es wirklich die markantesten Punkte waren (größte, kleinste, wichtige Veränderung), ob Vergleiche herausgearbeitet wurden. Wichtig für eine gute Bewertung ist die geleistete Auswertung der Daten, nicht die die Wiedergabe aller Daten.

3

Teil einer gelungenen Diagrammauswertung ist ein passender Schlusssatz. Zwar wird von den Schülern keine Erklärung für die Daten erwartet, eine Schlussfolgerung oder der Versuch einer logischen Interpretation wird aber positiv bewertet. Der Schlusssatz in Aufgabe 3 gibt den Impuls zu einer verallgemeinernden Schlussfolgerung aus den Daten.

4

Aufgabe 4 führt die drei vorhergehenden Aufgaben zusammen und lässt die Schüler eine komplette Grafikauswertung schreiben. Durch die geleistete Vorarbeit können sich die Schüler auf das Schreiben eines zusammenhängenden Textes konzentrieren. Regen Sie die Schüler an, das Gelernte (drei Schritte bei der Auswertung) auch durch Absätze in ihrem Text sichtbar zu machen.

5

In Aufgabe 5 werten die Schüler eine neue Grafik aus. Geben Sie genug Zeit, alle drei Schritte vorzubereiten. Anschließend können die Schüler ihre Notizen vergleichen und über ihre Auswahl, mögliche Vergleiche und Schlussfolgerungen diskutieren. Eine komplette schriftliche Auswertung kann als Hausaufgabe erfolgen.

Portfolio 3: Material sammeln ➤ S. 42

1

Sprechen Sie mit den Schülern, wie sie sich ihr Portfolio vorstellen: Was könnte es beinhalten? Wer kann helfen? Wo finden sie Informationen? Die Schüler können die Tabelle zu Hause ergänzen und ggf. auch die Familie in die Diskussion einbeziehen.

2

Für viele Schüler ist das Portfolio bestimmt eine Neuigkeit, viele werden zum ersten Mal überhaupt mit einer solchen Sammelmappe ihren Lernprozess an einem Thema nachweisen sollen. Bevor die Schüler die Aufgabe lösen, fragen Sie sie zuerst nach ihren eigenen Ideen, wie sie sich die Recherche eines Themas vorstellen. Wenn sie schon eine Liste der Methoden haben, diskutieren Sie mit den Schülern, wann, bei welchen Themen, welche Methode sich am besten bewährt. Manche Methoden erfordern mehr Zeit, sind auch von anderen Personen abhängig (Interviews, Umfrage), müssen also sorgfältig geplant werden. Bei manchen Methoden (wenn sie z. B. ein Archiv besuchen wollen) benötigen sie vielleicht ein Schreiben vom Schuldirektor.

Tipp

Bei einem Interview sollen die Schüler immer ihren Gesprächspartner informieren, wozu sie die Informationen brauchen.

Selbstevaluation ➤ S. 43

Bitte vermitteln Sie den Schülern, dass sie diese Aufgabe ernst nehmen sollten. Räumen Sie der Reflektion über den Lernprozess nach Abschluss der einen oder anderen Aufgabe Zeit ein. Geben Sie auch Zeit, „schöne Wörter" zu notieren, den Wortschatz zu strukturieren, wichtige Redemittel aufzuschreiben.

4 Ausbildung & Studium

Wortschatztraining   ❯ S. 44

Überblick · Inhalte · Arbeitsformen

In diesem Kapitel wird der Wortschatz zum Thema „Ausbildung, Beruf und Studium" erweitert und differenziert. Im ersten Teil geht es allgemein um Schule, Ausbildung und Studium. Im zweiten Teil auf S. 47 wird spezifischer Wortschatz zum Thema „Berufswahl und Beruf" geübt.

Es geht in diesen Übungen um …
- Verben in Verbindung mit Nomen (Aufgabe 1),
- Wortschatz zum Thema „Studium" (Aufgabe 2).

1

a – b Die Aufgabe ist als Einzelarbeit vorgesehen. Der Schüler muss den Nomen passende Verben zuordnen, dann anschließend die Verben in entsprechender Zeitform in die Textlücken einsetzen. Als Zwischenschritt sollte man die Aufgabe 1a im Plenum überprüfen. Nach Aufgabe 1 b bietet sich das Schreiben von Paralleltexten an, um den Wortschatz zu variieren und einzuüben.

2

Die Aufgabe ist als Partnerarbeit gedacht, kann aber zusätzlich als Wettbewerb gestaltet werden: Welches Paar hat am schnellsten 10 Sätze mit den Wörtern formuliert oder die 10 Erklärungen geschrieben?

Training Schriftliche Kommunikation   ❯ S. 45 – 46

Überblick · Inhalte · Arbeitsformen

Hier wird die Analyse von Grafiken, die in Kapitel 3 begonnen wurde, aufgegriffen und fortgeführt. Zusätzlich lernen die Schüler, Grafiken zu vergleichen. Es wird auf Austausch und Verständlichkeit in den Partnerübungen Wert gelegt, sodass die Schüler sofort eine Rückmeldung erhalten, ob ihre Informationen beim Zuhörer ankommen.

Die Schüler sollen …
- aus einer Grafik Informationen entnehmen und diese wiedergeben (Aufgabe 1),
- Informationen aus zwei Grafiken miteinander verknüpfen (Aufgabe 3),
- sich mit der Auswertung einer Umfrage vertraut machen (Aufgabe 2).

1

Wiederholen Sie die Redemittel zur Grafikanalyse aus Kapitel 3 (ggf. können die Schüler das auch vorab als Hausaufgabe machen).

a – b In Einzelarbeit analysieren die Schüler die Grafik und orientieren sich dabei an der Checkliste und machen Notizen. Geben Sie dafür max. 10 Minuten Zeit. Im Anschluss vergleichen und diskutieren die Schüler ihre Notizen, evtl. mit mehreren Mitschülern, und ergänzen sie. Als Erweiterung können die Schüler (als Hausaufgabe) einen Text formulieren.

2

a Eine Grafik kann auch das das Ergebnis einer Umfrage zusammenfassen. Auch in diesem Fall kann die Auswertung in drei Schritten erfolgen. 2a erfasst zuerst die „allgemeinen Angaben" der Umfrage.

b Die Schüler notieren, welche Informationen der Grafik sie für relevant halten. Zur Unterstützung können Sie Impulse an die Tafel schreiben: „höchster Wert?, niedrigster Wert? Unterschiede? Vergleiche?"

c – d Eine gelenkte Aufgabe, die den Schülern ein Beispiel für eine Auswertung gibt, aber auch die Möglichkeit zur Diskussion. Man hätte besser auswerten und andere Vergleiche ziehen können (z.B. die häufigste Antwort der Mädchen mit der der Jungen vergleichen).

e Die Schüler (evtl. in Partnerarbeit) halten die Redemittel aus 2a und 2c in einer Tabelle fest. Ein Paar schreibt an der Tafel, um im Anschluss zu vergleichen. Das korrekte Ergebnis kann auf ein Plakat geschrieben werden.

f Ihre Umfrage können die Schüler auch zu einer anderen Frage (Mit wem sprichst du Deutsch?), evtl. auch mit anderen Schülern, die an der Schule Deutsch lernen, oder zu einem anderen Thema durchführen. Ihre Ergebnisse sollen die Schüler in einer Grafik ähnlich der auf S. 45 darstellen und der Klasse präsentieren.

3

a – c Die Schüler konzentrieren sich auf die Werte in der Grafik und notieren, was sie für wichtig halten. Geben Sie evtl. ein Zeitlimit vor und vergleichen Sie die Notizen in der Klasse, bevor die Schüler sich mit der Grafik „Die deutsche Sprache in der Welt", S. 45 oben, befassen. Halten Sie zusammen die Ergebnisse fest. Erst dann schreiben die Schüler einen Text zur Auswertung der beiden Grafiken. Weisen Sie evtl. noch einmal auf die „drei Schritte" hin (allgemeine Angaben, Auswertung / Vergleich, Schluss) und darauf, dass durch entsprechende Redemittel die Gemeinsamkeiten und Unterschiede der beiden Grafiken herausgearbeitet werden.

Wortschatztraining Berufswahl und Beruf　　　　　　　　　　⟩ S. 47

Überblick · Inhalte · Arbeitsformen

Wir greifen in diesem Kapitel die Arbeit am Wortschatz ein zweites Mal auf, um die Alternativen Beruf und / oder Studium etwas genauer unter die Lupe zu nehmen und die Bedeutung der Entscheidung (Beruf, Studium) hervorzuheben. Wir bieten auch einige Fragen aus einem originalen Berufseignungstest an. Spielerische Aufgaben (Beruferaten) und der Berufseignungstest sollen nicht nur den Unterricht attraktiver und authentischer machen, sie tragen auch dazu bei, dass sich die Schüler den Wortschatz und die Strukturen besser einprägen.

Es geht in diesen Übungen darum, …
- Berufe zu beschreiben und zu erraten (Aufgabe 1a),
- Verben in den richtigen Satzzusammenhang einzusetzen (Aufgabe 2),
- Fragen aus Berufseignungstests kennenzulernen (Aufgabe 3),
- über einen Traumberuf zu sprechen (Aufgabe 4).

1

Zur Vorbereitung dieses Spiels können Sie Schülern in der Stunde zuvor eine Liste verschiedener Berufe geben und diese durcharbeiten (Was macht man in diesem Beruf? Welche Eigenschaften sind wichtig?). Achten Sie darauf, dass auf der Liste nicht nur „klassische" handwerkliche oder kaufmännische Berufe stehen, sondern auch „ungewöhnliche" Berufe wie z.B. Schiffsbauingenieur, Fachanwalt für Arbeitsrecht oder Logopäde. Erklären Sie dann den Schülern die Spielregeln, indem Sie ein Beispiel mit den Fragen nennen: „Geht die / derjenige ins Büro?" – Nein. „Geht er / sie in ein Krankenhaus?" – Ja. „Muss er / sie kranke Leute pflegen?" – Nein. „Arbeitet er / sie mit einem Röntgengerät?" – Ja. „Ist es eine Röntgenschwester?" – Ja! Bilden Sie Kleingruppen. Jeder Schüler wählt einen Beruf aus, die anderen stellen Fragen und versuchen so den Beruf zu erraten. Achtung: Die Schüler dürfen maximal 10 Fragen stellen, sonst dauert das Spiel zu lange und wird auch langweilig.

2

Die Beziehung zwischen Nomen und Verb steht hier im Mittelpunkt, da sie für den Verbalisierungsprozess wichtig ist. Lassen Sie die Aufgabe in Einzelarbeit lösen und die Lösungen dann im Plenum vergleichen. Schreiben Sie ggf. die Nomen an die Tafel und ergänzen Sie oder ein Schüler die Verben. Wischen Sie dann die Verben wieder weg und fragen nach ein paar Minuten nochmals nach den Verben. Lassen Sie auch eigene (Ich-Sätze) schreiben, um unterschiedliche Perspektiven und Formen zu üben.

3

Diese Fragen sind echten Tests entnommen. Noch realistischer wird es, wenn Sie Tests aus dem Internet herunterladen und die Fragen beantworten lassen.

Training Leseverstehen   > S. 48–50

Überblick · Inhalte · Arbeitsformen

Diese Aufgaben führen in die letzte der vier Leseverstehensaufgaben ein. Die Schüler werden mit dem Format (zwei Varianten) und den Lösungsstrategien (Techniken) bekannt gemacht. Die Schüler sollen wieder begreifen, dass man zuerst die „passende" Textstelle finden muss und danach eine Aufgabe dazu lösen kann.

Es geht in diesen Aufgaben darum, …
- die Technik der Signalwörter anzuwenden (Aufgabe 1a, b),
- sich über den Sinn von „Berufseignungstests" auszutauschen (Aufgabe 1c),
- sich mit den zwei Varianten dieser Testaufgabe vertraut zu machen (Aufgaben 2, 3).

1

a – b Die Schüler arbeiten hier ohne Wörterbücher. Erläutern Sie, dass der Inhalt nicht als Ganzes verstanden werden soll, sondern das Auffinden von Signalwörtern zu bestimmten Themen bzw. Aussagen wichtig ist. Genau das üben Sie mit Ihren Schülern in Aufgabe 1. Lesen Sie gemeinsam mit den Schülern den Tipp. Unterstützen Sie die Lösung ggf., indem Sie den Text auf einer Folie an die Wand projizieren und die wichtigen Textstellen (Signalwörter) für alle sichtbar markieren. Erst nachdem die Stellen mithilfe der Signalwörter gefunden worden sind, sollen die Schüler die Fragen beantworten.

c Lassen Sie den Text einmal komplett lesen. Hier ist Wörterbucharbeit erlaubt. Lassen Sie Ihre Schüler den Bezug zu 3a, b der Wortschatzaufgabe ziehen. Nach dem Lesen formulieren Sie die Fragestellung im Plenum: „Was denkt ihr: Wäre ein Studieneignungstest wichtig angesichts der Informationen aus dem Text?" In der Auswertung der Zahlen (31%, 20%, 19% = keine unwesentliche Größen und besonders die „18% falsche Erwartungen" sind beachtlich) gelangen die Schüler möglicherweise zu der Erkenntnis, dass das bei einer vorherigen Studieneignungsprüfung möglicherweise nicht passiert wäre. Sollten die Schüler dies nicht von sich aus äußern, weisen Sie selbst darauf hin.

2

Diese Aufgabe zeigt Ihren Schülern, dass es zwei Formate der Prüfung Leseverstehen 4 gibt: entweder die richtige Antwort zu einer Frage mithilfe des Texts finden (Aufgabe 2b) oder die richtige Ergänzung zu einem Satzanfang mithilfe des Texts finden (Aufgabe 2c bzw. 2e).

b – c Weisen Sie Ihre Schüler darauf hin, dass sie nun die Erkenntnis aus 1a aktivieren sollen: zuerst die Textstelle finden. Dazu sollen Sie neben dem Signalwort auch differenzieren, wie sich die Antworten A, B und C unterscheiden. Lassen Sie Ihre Schüler die Unterschiede (farbig) unterstreichen.

d Die Begründung gibt ein Schüler, der das richtige Ergebnis hat. Beim Begründen muss der Schüler seine Erklärung in Worte fassen und benutzt dabei den Wortschatz, der ihm geläufig ist oder den er gerade gelernt hat. Dabei wird ihm deutlich, wie wichtig es ist, den eigenen Wortschatz zu erweitern.

e – f Mit der Aufgabe üben Ihre Schüler die Anwendung des Gelernten. Pro Aufgabe haben die Schüler 3 Minuten Zeit zur Lösung. Der Auswertungsprozess sollte von Ihnen koordiniert werden. Fragen Sie zunächst die Lösungen ab. Ein Schüler, der das richtige Ergebnis hat, nennt die passende Textstelle und begründet seine Lösung. Schreiben Sie die Punkte, die zum Lösen der Aufgabe wichtig sind, nochmals an die Tafel: 1. Man muss die richtige Textstelle finden. 2. Man muss den Wortschatz kennen.

Bei sehr schwierigen Aufgaben bzw. für schwächere Schüler kann auch das Ausschlussverfahren eine Hilfe sein: Lösung A kann der Schüler ausschließen, zu Lösung B steht gar nichts im Text, also muss es C sein, auch wenn der Schüler diese Aussage im Detail nicht versteht. Das ist aber nur eine „Hilfsstrategie" – und es besteht natürlich die Gefahr, dass man sich falsch entscheidet, wenn man etwas nicht versteht. Aber in der Prüfung ist es besser, nach diesem Muster eine Lösung zu wählen, als gar keine Lösung zu finden.

3

Mit dem folgenden Spiel wird der Wortschatz gefestigt. Die Schüler arbeiten mit dem Wörterbuch und üben den Wortschatz. Nach dem Spiel können Sie ein Wort aus dem Text nehmen und an der Tafel Wortfelder ergänzen lassen. Regen Sie auch an, Wörter in die Liste auf Seite 55 (Selbstevaluation) einzutragen.

Training Hörverstehen ➤ S. 51–52

Überblick · Inhalte · Arbeitsformen

Das Training Hörverstehen beschäftigt sich im Kapitel 4 mit den Arbeitszeitmodellen, die zwar sehr populär in Deutschland sind, jedoch nicht unbedingt weltweit. Sicher ist aber, dass sich die Arbeitswelt weiter verändern wird und somit auch die Arbeitswelt der jetzt noch in der Schule lernenden Jugendlichen. Wir bieten eine Reihe von Übungen an, die dem Schüler das Thema näherbringen und das Hören entlasten.

Die Aufgaben zum Hörverstehen …
- machen mit dem Thema bekannt und fördern die kritische Auseinandersetzung mit ihm (Aufgabe 1),
- bereiten inhaltlich und sprachlich auf das Thema vor (Aufgabe 2a, b),
- machen mit der Prüfungsaufgabe Hörverstehen, Teil 1, bekannt (Aufgabe 3).

1

a Diese Aufgabe präsentiert, in Form eines Werbeplakats, Argumente für die Telearbeit. Sprechen Sie zuerst mit ihren Schülern darüber, ob der Begriff „Telearbeit" klar ist. Lassen Sie die Schüler die Bedeutung aufgrund der Wortbildung erschließen und einige Beispiele für die Telearbeit geben. Werten Sie die Ergebnisse im Plenum aus. Sie können auch das Thema vertiefen, indem Sie die Schüler durch Fragen zur Diskussion anregen, z.B.:
1. Wen kann die Telearbeit besonders ansprechen?
2. Für wen kann die Telearbeit eine Berufschance sein?
3. Warum ist die Telearbeit erst seit Kurzem populär?
4. Gehört die Zukunft der Arbeitswelt der Telearbeit? Usw.

b – c Entsprechend den Argumenten für die Telearbeit (Aufgabe 1a) suchen die Schüler jetzt nach den Gegenargumenten. Die Pro/Contra-Diskussion ist sowohl für die mündliche Prüfung als auch für den schriftlichen Teil wichtig. Die Gestaltung eines Posters macht die Aufgabe kreativer. Sie können Ihren Schülern hierfür die Redemittel aus dem Kapitel 5 (Seite 65) anbieten.
Die Präsentationen vor der Klasse üben das Auftreten vor dem Publikum, trainieren das Argumentieren, die Schüler lernen voneinander. Schreiben Sie einige Redemittel an die Tafel oder Sie haben ein kleines Papier (Pappe) vorbreitet, auf dem einige einfache Redemittel für Nachteile stehen: „Ein Nachteil der Telearbeit ist … Ein anderer Nachteil, den ich sehe, ist … Ich halte … für nicht so positiv, denn … usw.")

2

a – b In der Aufgabe erfahren die Schüler, was flexible Arbeitszeit bedeutet, welche Arbeitszeitmodelle es gibt und welches Ausmaß diese Erscheinung in Deutschland hat. Anschließend können Sie Ihre Schüler ermuntern, diese Erscheinung in ihrem Heimatland zu recherchieren. Der Vergleich mit dem Heimatland ist nicht nur interessant, sondern bereitet auch darauf vor, dass in der Prüfung das jeweilige Thema immer von zwei Seiten, von Deutschland und vom Heimatland aus, betrachtet werden soll.

c Die Schüler hören die Erklärungen zu den Arbeitszeitmodellen aus 2b und können ihre Vermutungen überprüfen.

3

a Das erste Mal wird der Prüfungstext Teil 1 präsentiert. Es ist immer ein Interview mit acht MC-Aufgaben. Da die Schüler den Text nur einmal hören, ist es wichtig, ihnen Tipps zu geben, wie man das macht. Machen Sie Ihre Schüler darauf aufmerksam, dass sie beim Lesen der MC-Aufgaben wichtige Wörter markieren, durch die sich die Antwortmöglichkeiten unterscheiden. Lassen Sie dann die Schüler ihre Ergebnisse vergleichen. Erst danach sollen die Schüler das Interview hören und die Aufgaben lösen. Zur Kontrolle können Sie noch einmal den Hörtext laufen lassen. Stoppen Sie an den entscheidenden Stellen. Evtl. notieren Sie die entscheidenden Formulierungen an der Tafel (➤ Transkription, S. 90). Sammeln Sie so die Merkmale (Synonyme, Verneinungen), die die Entscheidung beeinflussen. Machen Sie ein Fragezeichen an A, B oder C, wenn diese Formulierung gar nicht vorhanden ist. Somit visualisieren Sie für Ihre Schüler die entscheidungsrelevanten Stellen und Formulierungen.

Lassen Sie auch die Schüler in der Klasse sprechen, welche Probleme sie beim Hörverstehen haben (z. B. Stelle verpasst, Signalwort „weil" nicht gehört) oder wie sie zu den Lösungen kommen.

> **Tipp**
>
> Weisen Sie Ihre Schüler auch darauf hin, dass man die gleichen Lösungsstrategien auch für LV4 braucht: Signalwort zum Auffinden der Stellen und Differenzierung für die Entscheidung.

Training Mündliche Kommunikation ➤ S. 53

Überblick · Inhalte · Arbeitsformen

Diese Aufgaben sind ein erstes zusammenfassendes Training auf die Prüfung. Es wurde bereits im Wortschatztraining Berufswahl und Beruf sowie im Training zum Leseverstehen angeregt (Berufseignungstest), darüber nachzudenken. Die Schüler haben somit schon einige Impulse erhalten. Sie trainieren …

- schnell die Wahl der Stichwörter zu treffen (Aufgabe 1a, b),
- einen Kurzvortrag über sich selber vorzubereiten (Aufgabe 1c),
- die eigene Präsentation und die des Partners strukturiert zu reflektieren (Aufgabe 1d).

1

a – c Jeder Schüler hat 5 Minuten Zeit, um seine Präsentation vorzubereiten. Machen Sie den Schülern nochmals klar, dass sie von der eigenen Meinung ausgehend entscheiden sollen, was bei dem Thema wichtig ist und was sich am besten für die Präsentation eignet.

d Die Präsentationen lassen Sie in Partnerarbeit vortragen und auch bewerten. Sprechen Sie vorher kurz mit den Schülern über die Kriterien in der Tabelle. Regen Sie zu einer ehrlichen Bewertung an. Eine nur positive Bewertung hilft niemandem.

Zum Schluss erfragen Sie bei einzelnen Schülern, welche Tipps ihnen ihre Nachbarn / Gesprächspartner gegeben haben.

Portfolio 4: Arbeitsschritte planen ➤ S. 54

a – c Der Plan ist der Kern jeder Projektarbeit. Ein Projekt ist ein geplantes Vorhaben.

Jeder Schüler sollte sich einen individuellen Plan für sein Projekt machen. Auch die Liste der Aufgaben ist von Schüler zu Schüler verschieden. Bei manchen Schülern werden das vielleicht Fotos, bei anderen ein Interview, ein Besuch an der Uni, im Konsulat, in einer Firma oder vielleicht eine Umfrage. Diese Aufgabe können Sie auch mit den Aufgaben 4 und 5 aus Kapitel 3 verbinden.

Um die Zeit bis zur Prüfung besser einschätzen und das Projekt realistisch planen zu können, schlagen wir vor, dass die Schüler z. B. am Computer mit einem Programm (z. B. in Outlook) oder im Internet (z. B. bei Google) einen Kalender erstellen.

In dem Kalender markieren die Schüler zuerst alle freien Tage (Wochenende, Feiertage, Ferien), dann Feiertage oder Ferien in dem Prüfungsjahr. Hier ein beliebiges Beispiel, das Sie ggf. auf eine Folie kopieren und dann im Plenum mit den Schülern exemplarisch ausfüllen können:

	April	Mai	Juni
1.	Sonntag	Feiertag	
2.			Samstag
3.		Feiertag	Sonntag
4.			
5.		Samstag	
6.		Sonntag	
7.	Samstag		
8.	Sonntag		Ferien
...			Ferien
31.		Sonntag	Ferien

Tragen Sie exemplarisch einige Aufgaben ein, z.B.: 2./3. April: Recherche Bibliothek, 6. April: Interviews führen, bis 1. Mai: Interviews abtippen, ...

Das Planen mit einem Kalender hilft, manche Aufgaben parallel zu planen und die Zeit besser einzuschätzen. Die Schüler können auch andere Ereignisse eintragen, die für sie wichtig sind und evtl. Einfluss auf die Arbeit haben können, wie z.B. ein Führerscheinkurs und Führerscheinprüfung.

d Zu diesem Plan gehören natürlich auch das Datum der schriftlichen DSD-Prüfung und Daten, die Sie selbst in Ihrer Schule bestimmen (Probeprüfung und mündliche DSD-Prüfung).

Selbstevaluation
➤ S. 55

Ebenso wie in den vorangegangenen Kapiteln wird auch dieses Kapitel mit einer Selbstevaluation abgeschlossen. Prüfen Sie diese Evaluation, indem Sie die Schüler während des Unterrichts nach einzelnen Kriterien befragen. Auch wenn Sie nur einzelne Aspekte des Kapitels mit den Schülern intensiv bearbeitet haben, sollte die Wortliste aber in jedem Fall immer aufgearbeitet werden – dazu gehört auch das Notieren von Lieblingswörtern.

5 Zusammenleben

Wortschatztraining Generationen ➤ S. 56

Überblick · Inhalte · Arbeitsformen

Das Thema knüpft an den Wortschatz „Familie" aus dem Grundstufenbereich an, erfährt hier aber eine wesentliche Erweiterung. Das Thema Generationen wird nochmals im Kapitel 9 aufgegriffen. Ein Verweis bietet sich an. Das ist auch eine wichtige Aufgabe für Sie als Lehrkraft, die angebotenen Themen immer wieder zu verknüpfen bzw. Ihre Schüler darauf aufmerksam zu machen, dass sie das Thema bereits einmal bearbeitet haben.

Die Wortschatzaufgaben …

* weisen auf verschiedene Bedeutungen eines Begriffs hin (Aufgabe 1),
* erklären, wie man die Bedeutung von Komposita ableiten kann (Aufgabe 2),
* trainieren, aus Adjektiven und Partizipien Nomen zu bilden (Aufgabe 3).

1

Lesen und Verstehen setzt voraus, dass man bei mehrdeutigen Begriffen die richtige Bedeutung aus dem Satz- oder Sinnzusammenhang erschließen kann. Dafür müssen die Schüler lernen, mit dem Wörterbuch zu arbeiten und sie müssen für die unterschiedlichen Erklärungen sensibilisiert werden. Geben Sie ein Beispiel: Das Wort „faul" kann bedeuten „bequem", „keine Lust, etwas zu machen bzw. zu arbeiten"; es kann aber auch „verrotten" bedeuten („faule Äpfel"). Fordern Sie die Schüler auf, kurze Texte füreinander zu schreiben, die die Bedeutung erklären. Andere Beispiele: modern (moderne Technik = neu) und modern (faulen), der Ball (zum Spielen und der Tanzball), Bank (die Bank zum Sitzen und das Geldinstitut), sitzen (auf einem Stuhl, im Gefängnis sein). Lassen Sie jeden Schüler ein solches Wort mit mehreren Bedeutungen suchen und der Klasse erklären. Ein gemeinsam gestaltetes Poster kann dafür sorgen, dass der Blick dauerhaft geschärft und die Gefahr falscher Wortwahl verringert wird.

2

a – b Die Aufgabe macht noch einmal auf die Wortbildung von zusammengesetzten Nomen aufmerksam und zeigt dem Schüler, wie er zu der richtigen Bedeutung kommt. Wichtig wäre ein kurzer Kommentar über das Fugen-„s" bzw. -(e)n bei der Bildung von Zusammensetzungen. Im zweiten Teil der Aufgabe (b) üben die Schüler einen Begriff mit eigenen Worten zu erklären. Als Lehrkraft sollten Sie die Schüler immer wieder dazu auffordern nachzudenken, wie man es anders sagen kann. Helfen Sie mit Wörtern an der Tafel: Problem, junge Leute, alte Leute. Fordern Sie evtl. auf, Beispiele anzuführen.

3

Bei den Umformungen von im Text vorhandenen Ausdrücken werden zwei Ziele realisiert. Erstens wird den Schülern bewusst gemacht, dass man einen Begriff unterschiedlich sprachlich ausdrücken kann, zweitens bekommen sie die Gelegenheit, aus Adjektiven und Partizipien gebildete Nomen zu trainieren. Lassen Sie Ihre Schüler vorher, am besten mit einem kleinen Tafelbild, die Adjektivdeklination wiederholen bzw. nur die Genitivartikel. Nutzen Sie die Gelegenheit darauf hinzuweisen, dass man sich bei den Deklinationstypen Parallelen merken sollte, man muss nicht alles einzeln im Kopf behalten. Zeigen Sie Ihren Schülern einen simplen Trick der Nominalisierung: Aus Adjektiven und Partizipien werden Nomen, indem man im Singular ein -e und am Plural ein -en anhängt. Achtung: Diese Nomen werden auch weiterhin wie Adjektive dekliniert, Beispiel: alt – der / die Alte, die Alten. Erinnern Sie die Schüler immer wieder an den Tipp, der dieses Wortschatztraining abschließt.

Überblick · Inhalte · Arbeitsformen

Nachdem in die Aufgabe LV 1 im Kapitel 1 eingeführt wurde, werden im Kapitel 5 Techniken und Strategien zum Lösen der Aufgabe Leseverstehen 1 genauer reflektiert. Die Schüler sollen verstehen lernen, dass sie zuerst global lesen müssen und später detailliert, um die Lösungen zu finden. In der Anregung, selbst eine solche Aufgabe zu erstellen, vollziehen sie das auf einem anderen Weg nach – nicht rezeptiv, sondern produktiv. Das sichert ein Grundverständnis für diesen Aufgabentyp und macht Spaß.

Die Aufgaben …
- knüpfen an das bereits Gelernte an (Aufgabe 1a),
- formulieren Überlegungen zur Lösungsstrategie (Aufgabe 2a),
- wenden Gelerntes am Prüfungsformat an (Aufgabe 2b).

1

a Die Bücher bleiben zunächst geschlossen. Fordern Sie Ihre Schüler auf, sich an LV 1 zu erinnern und sammeln Sie die Ergebnisse. Dann erst schlagen die Schüler das Buch auf und überprüfen ihre Ergebnisse.

b Weisen Sie Ihre Schüler darauf hin, dass es verschiedene Leseformen gibt: global, detailliert und selektiv. Fragen Sie, welche Leseform die Schüler hier nutzen müssen, wenn sie die Aufgabe lösen wollen. Denken Sie daran: Beim LV in der Prüfung darf nicht mit dem Wörterbuch gearbeitet werden.

c Die Schüler markieren zuerst Signalwörter in den drei Beschreibungen und schreiben sie dann in die Tabelle. Anschließend lesen sie die Texte detailliert und finden so die Lösung. Werten Sie gemeinsam aus, die Schüler sollten ihre Lösung mit Textstellen begründen. Verweisen Sie am Ende auf den Tipp.

d Alternativ können Sie Texte in den Unterricht mitbringen und die Schüler Aufgaben des Typs LV 1 gestalten lassen.
Beispiel: Sie bringen 10 Annoncen zu einem Thema (z. B. Reisen) mit. Teilen Sie die Schüler in zwei Gruppen. Jede Gruppe bekommt 5 Anzeigen und formuliert 7 Aussagen von Personen. Begleiten Sie den Prozess, geben Sie Tipps, achten Sie darauf, dass detailliertes Lesen eine Lösung ermöglicht.

2

a Wenn man einige Aufgaben dieses Typs gemacht hat, kann man die beste Lösungsstrategie diskutieren. Wir haben in der Aufgabe 2a einige Angebote formuliert. Man kann daraufhin auch mit den Übungen aus 1d ausprobieren, wie man am schnellsten zum Ziel kommt. Im „Tipp" ist eine Empfehlung formuliert.

b So sieht eine Prüfungsaufgabe aus. Lösen Sie diese in der Klasse und weisen Sie ggf. nochmals auf geeignete Lösungsstrategien (aus Aufgabe 2a) hin.
Gehen Sie am Ende der Übungen auch zur Selbstevaluation auf Seite 67. Hier können Ihre Schüler vielleicht schon eine Verbesserung gegenüber dem LV in Kapitel 1 feststellen. Regen Sie dazu an, in der Wortliste auch Wortschatz aus der LV-Aufgabe aufzuarbeiten.

Überblick · Inhalte · Arbeitsformen

Im Kapitel 5 wird das Training des Prüfungsteils HV 3 fortgesetzt.

Die Aufgaben …
- erweitern den Wortschatz zum Thema (Aufgabe 1b),
- zeigen, wie man Hören üben kann (Aufgabe 2),
- zeigen, welche Strategien das Hörverstehen erleichtern (Aufgabe 3).

1

a Diese Aufgabe bietet ein Foto als Sprechanlass an. Die von den Schülern verfassten Dialoge basieren auf ihren eigenen Erfahrungen und bringen Emotionen zum Ausdruck.

b Die Schüler aktivieren ihr Vorwissen, sammeln und erweitern den Wortschatz, reflektieren dabei Unterschiede zwischen den Generationen. Eventuell notieren die Schüler auch Stereotype – nehmen Sie dies als Anlass, darüber zu diskutieren und auf unterschiedliche Einstellungen hinzuweisen.

c Klären Sie zunächst die Bedeutung des Begriffs „Solidarität". Welche Beispiele zu „Solidarität" kennen die Schüler (z.B. Solidarität der Arbeiter, Solidarität bei Naturkatastrophen)? Lassen Sie dann in Kleingruppen oder im Plenum Beispiele für Solidarität zwischen Generationen finden.

2

Lassen Sie die Schüler in Kleingruppen über eigene Erfahrungen berichten und diskutieren. Wenn Sie die Möglichkeit in der Schule haben, zeigen Sie im Internet einige Webseiten, die sich zum Üben des Hörverstehens eignen, z.B. Deutschlandfunk, Deutsche Welle, Deutschlandradio Kultur. Sie finden die Seiten sofort, wenn Sie diese Stichpunkte in eine Suchmaschine eingeben.

3

a Es werden einige Lösungsstrategien zu Multiple-Choice-Aufgaben im Hörverstehen präsentiert. Die Schüler sollen unterschiedliche Strategien kennenlernen und sich zunächst entscheiden, welche Strategie sie persönlich für sinnvoll halten.

b Bilden Sie Interessengruppen: Mindestens zwei Schüler müssen sich für eine Strategie entscheiden. Jede Gruppe probiert „ihre" Strategie dann bei der Lösung von Aufgabe 3c aus.

c Fragen Sie nach der Lösung der Aufgabe die Erfahrungen der einzelnen Gruppen mit „ihrer" Strategie ab: Was war gut, was war nicht so gut? Würden die Schüler „ihre" Strategie empfehlen? Warum (nicht)?

d Beim Überprüfen der Ergebnisse werden nochmals die Strategien von den einzelnen Schülergruppen reflektiert. Üben Sie so viel wie möglich, damit das Hörverständnis geschult wird und die Schüler die Angst vor diesem Prüfungsteil verlieren. Es gibt Übungssätze im Internet. Weisen Sie auch immer wieder darauf hin, dass nach der Arbeit mit diesem Übungsbuch die ganze Prüfung im Testbuch „So geht's zum DSD II" intensiv trainiert wird.

> **Tipp**
>
> Es ist auch möglich, den Hörtext anschließend als Kopie auszugeben und noch einmal in der Klasse nachvollziehen zu lassen, warum die Ergebnisse so und nicht anders sein konnten. Hier können Sie mit Ihren Schülern wieder eine Wortschatzerweiterung vornehmen.

Training Mündliche Kommunikation ➤ S. 61–62

Überblick · Inhalte · Arbeitsformen

In diesem Artikel soll das Thema „Werte" als Prüfungsgespräch aufbereitet werden.

Die Aufgaben …
- erklären die Rolle des Wörterbuchs in der Vorbereitungsphase (Aufgabe 1b),
- geben ein Beispiel für ein Cluster und seine Bearbeitung (Aufgabe 1b „Notizblatt"),
- machen auf die Bedeutung der richtigen Aussprache aufmerksam (Tipp),
- bieten Strategien für das Prüfungsgespräch an (Aufgabe 2),
- üben den Kurzvortrag und das Prüfungsgespräch (Aufgabe 3).

1

a – c In der Vorbereitungszeit vor der mündlichen Prüfung darf der Schüler ein Wörterbuch benutzen. Die Aufgabe zeigt, wie man beispielsweise bei der Arbeit am Kurzvortrag diese Möglichkeit nutzen kann. Es wird dabei die Rolle des einsprachigen Wörterbuchs hervorgehoben – der Schüler findet dort richtig formulierte Kontexte, es besteht keine Gefahr, dass er etwas falsch übersetzt. Erinnern Sie Ihre Schüler daran, dass eine richtige Aussprache sehr wichtig bei der Prüfungsbewertung ist. In den Wörterbüchern finden die Schüler Hilfen zur Aussprache wie Lautschrift. Machen Sie mit Ihren Schülern einige Übungen dazu, damit sie das Wörterbuch sicher benutzen können.

Tipp

Lernt der Schüler schnell mit dem Wörterbuch zu arbeiten und Notizen zu machen, gibt ihm das Sicherheit für die Prüfung.

Üben Sie mit Ihren Schülern die Notizen, um den Cluster selbst / oder separat zu schreiben. Jeder Schüler muss hier seine eigene Art und Weise entdecken.

2

a – b Das Prüfungsgespräch läuft spontan ab, man kann aber manches mit den Schülern üben, was sie auf diese Prüfungssituation vorbereitet. Es werden z. B. Strategien angeboten für Situationen, wenn der Schüler die Frage bzw. Feststellung des Prüfers nicht oder nicht ganz versteht. Wie kann man da adäquat reagieren? Üben Sie das mit Ihren Schülern in einem kleinen Spiel, indem zwei Schüler sich gegenseitig beliebige Fragen stellen: Wie spät ist es? Wohin gehen wir morgen und was benötigen wir alles dafür? In welcher Form entsteht deiner Meinung nach die Plastizität im Werk von Rodin?
Die Schüler sollen auch mit der Situation vertraut werden, dass man ihnen unerwartete Fragen stellt.

c In der Aufgabe werden Reaktionen auf Widersprechen oder Ergänzen geübt. Machen Sie Ihre Schüler darauf aufmerksam, dass von ihnen verlangt wird, immer auf das von dem Prüfer Gesagte Bezug zu nehmen. Die Fragen des Prüfers zu verstehen und darauf angemessen zu reagieren, ist in der Prüfung ein wichtiger Schritt zum Erfolg.

d Nicht weniger wichtig ist die Fähigkeit, die eigene Meinung zu äußern, zu begründen und zu verteidigen. Lassen Sie die Aufgabe in Einzelarbeit lösen, fragen Sie aber ggf. nochmals detaillierter nach den Gründen. Erinnern Sie Ihre Schüler ggf. an die Konnektoren: da, deshalb, daher, deswegen, nämlich, wegen usw. Lassen Sie die Konnektoren ggf. als Hausaufgabe nochmals sammeln und Sätze mit ihnen bilden.

3

a – d Das Prüfungsgespräch lässt sich sehr gut trainieren, indem die Schüler wechselnd die Rolle des Prüflings oder des Prüfers spielen. So müssen sie einerseits als Prüfling den eigenen Kurzvortrag vor der Gruppe / Klasse präsentieren und auf Fragen reagieren, andererseits müssen sie als Prüfer Fragen ausdenken, widersprechen oder provozieren. Geben Sie abschließend immer ein Feedback, was besonders gut gelungen war und was noch verbessert werden könnte. (Weitere Übung ➤ Kopiervorlage 7)

Training Schriftliche Kommunikation ➤ S. 63 – 65

Überblick · Inhalte · Arbeitsformen

Wir greifen hier einen weiteren Baustein der Schriftlichen Kommunikation auf: Pro-Contra-Diskussion. Die Schüler sollen sich mit dem Sinn des Diskutierens auseinandersetzen. Sie sollen bereits vorhandene Argumente aus einem Text sammeln (als Anregung) und selbst Argumente suchen, die für oder gegen etwas sprechen. Der Diskussionsanlass ist in das Thema „Inklusion" eingebettet. Des Weiteren werden die Schüler in die Teile der Argumentation eingeführt. Das ist für die Entwicklung der eigenen Argumentation wichtig. Hier werden besonders viele Fehler gemacht. Die Schüler konzentrieren sich nämlich überwiegend auf die Aufzählung von Argumenten / Thesen bzw. reduzieren ihre Äußerungen nur auf die Wertung (gut / schlecht). Außerdem erhalten Ihre Schüler Redemittel und bekommen den Hinweis, ihre Argumente zu begründen, indem sie Konnektoren benutzen.

Die Aufgaben …
- reflektieren den Sinn von Diskussionen (Aufgabe 1),
- sensibilisieren Ihre Schüler erneut dafür, dass der Text Haupt- und Detailinformationen enthält sowie Pro- und Contra-Überlegungen / Anregungen (Aufgabe 2 und 3),
- führen in die Argumentationsstrategie ein (Redemittel → Begründung / Beispiel → Fazit) (Aufgabe 4a – d),
- bieten Redemittel für die Argumentation an (Aufgabe 5a).

1

a – b Regen Sie nach dem Zuordnen eine kurze Diskussion an. Notieren Sie dann einzelne Argumente und evtl. auch Begründungen (wenn sie genannt werden). Darauf können Sie später im Zusammenhang mit Aufgabe 3 zurückkommen und so zeigen, wie die Schüler „intuitiv" argumentiert und begründet haben.

2

Die Schüler lesen den Text und ordnen die Überschriften den Textabschnitten zu. Besprechen Sie den Tipp danach. Zusätzlich (evtl. als Hausaufgabe) können die Schüler die SK-Texte in Lektion 1 und 2 lesen und überprüfen, ob sie diesem Aufbau entsprechen.

3

Die Schüler sammeln (in Paar- oder Gruppenarbeit) Argumente aus dem Text und ergänzen eigene Argumente. Weisen Sie die Schüler darauf hin, dass sie auch in der Prüfung Argumente aus dem Text in ihrer Stellungnahme nennen und durch eigene Argumente stützen oder widerlegen sollen. Erinnern Sie daran, dass Argumente aus dem Text auch als solche kenntlich gemacht werden müssen, z.B. durch Redemittel wie: „Wie der Autor des Textes schreibt …"

4

a – d Besprechen Sie, woran die Schüler erkannt haben, dass es sich um ein Pro-Argument handelt. Der Infokasten vermittelt den Schüler „das Werkzeug", die Struktur eines Arguments zu erkennen (4b) und eigene Argumente entsprechend aufzubauen (4c/d). Lassen Sie einen Schüler mit Ihrer Unterstützung diese Argumente an die Tafel schreiben, die anderen arbeiten alleine und schreiben in ihr Heft. Werten Sie im Plenum das Argument an der Tafel aus. Anschließend überprüfen die Schüler den Aufbau des Arguments ihres Nachbarn. Konzentrieren Sie sich auf den Aufbau, andere Fehler sind in dieser Phase noch nicht wichtig.
(Weitere Übung zu Pro-Contra-Diskussionen ➤ Kopiervorlage 6)

5

a – b Die Schüler ordnen die Redemittel zu. Evtl. kann ein Schülerpaar ein Plakat mit den Redemitteln gestalten. Sie können die Redemittel auch unter Vorgabe einer Zeit (3 Minuten) lernen lassen und dann paarweise abfragen lassen. Wer sich an die meisten erinnern kann, hat gewonnen.

c – d Die Schüler aktivieren hier ihr Wissen über Konnektoren. Der Schwerpunkt liegt auf dem korrekten Satzbau. Besprechen Sie evtl. vorher typische Merkmale der Konnektoren. Die Schüler sollten in Einzelarbeit lösen. Verschiedene Schüler können dann ihre Lösung an die Tafel schreiben. Die anderen kontrollieren. Variante: Die Schüler arbeiten in Gruppen und lösen bestimmte Sätze. Danach Auswertung im Plenum. Die Sätze sollten erst nach der Korrektur zu einem Text abgeschrieben werden. Diesen Text sollten die Schüler aufbewahren, in Kapitel 6 kommen Sie darauf zurück.

Portfolio 5: Das Material ordnen ➤ S. 66

1

Der Termin, bis wann die Schüler ihr Material sammeln, sollte eindeutig festgelegt werden. Ein Stichtag gibt den Schülern eine klare Struktur für ihre Arbeit, die sonst „ausufern" würde. Bis zu dem festgelegten Datum müssen die Sammelmappen der Schüler

- geordnet,
- strukturiert,
- betitelt sein
- sowie ein Inhalts- und Quellenverzeichnis enthalten.

Arbeiten Sie mit diesem Portfolio-Unterthema erst dann, wenn die Schüler den Schritt wirklich abgeschlossen haben (ungefähr zwei Monate nach Festlegen der Themen).

2

Lassen Sie die Schüler die Aufgabe in Einzelarbeit lösen. Besprechen Sie die Lösungsvorschläge im Plenum. Fragen Sie die Schüler, warum Sie sich für eine bestimmte Reihenfolge entschieden haben.

Diskutieren Sie mit den Schülern kurz, warum der Aufbau sich je nach Thema unterscheiden kann, geben Sie evtl. Beispiele. Wie kann man eine Arbeit zu aussterbenden Tierarten beginnen? Wie kann man eine Präsentation zu einem Umweltthema beginnen? Wann ist es sinnvoll, mit einem Bild zu beginnen? Wann sollte man auf keinen Fall mit einem Bild beginnen?

Empfehlenswert wäre folgende Reihenfolge für eine Arbeit:
1. Titelseite
2. Inhaltsverzeichnis
3. Themenkapitel *(verschiedene Reihenfolgen möglich)*
4. Bezug zu Deutschland
5. Umfrage in der Klasse
6. Fachwortschatzliste
7. Plan der Präsentation

Tipp

Ab jetzt beginnt die richtige Bearbeitung des Themas! Kontrollieren Sie, ob die Schüler wirklich ihr Material gesammelt und geordnet haben. Die Schüler sollten ihre Materialsammlung am Ende des Schuljahres, das der DSD II-Prüfung vorausgeht, weitgehend abgeschlossen haben. Das letzte Schuljahr dient dann der ganz konkreten Prüfungsvorbereitung mithilfe des Testbuches und der Vorbereitung des mündlichen Spezialthemas auf der Grundlage der gesammelten Materialien.

Selbstevaluation ➤ S. 67

Auch im Kapitel 5 müssen Sie als Lehrkraft diese Evaluation anregen. Gerade im Vergleich zu Kapitel 1 (LV 1) ist es für Ihre Schüler möglich, Lernfortschritte wahrzunehmen. Die Wortschatzliste ist wieder eine Anregung für die Systematisierung und Memorisierung, die dem Schüler aktiv in die Hand gegeben werden sollte. Gehen Sie herum, während die Schüler eintragen und geben Sie ein Feedback. Sie können beispielsweise ein Wort eines Schülers herausnehmen und an der Tafel notieren, wie man mit dem Wort dann weiterarbeiten kann. Beispiel: Praxis = Arztpraxis, aber auch = die Übung; praktisch = sinnvoll, aber auch: in der Anwendung; Beispiele zu den Wörtern: in die Arztpraxis gehen; etwas sehr praktisch finden; etwas in der Praxis anwenden; Praxis in etwas haben; …

6 Freizeit – Freie Zeit?

Training Schriftliche Kommunikation ➤ S. 68

Überblick · Inhalte · Arbeitsformen

Die Freizeitgestaltung steht für Jugendliche immer im Mittelpunkt und ist insofern auch ein wichtiges, realitätsnahes Thema. Das Thema hat die Schüler durch alle Niveaustufen begleitet und wird hier unter einem besonderen Aspekt betrachtet. Nämlich unter dem Blickwinkel auch diese Zeit „sinnvoll" zu nutzen. Der Wortschatz ist den Jugendlichen weitestgehend vertraut. Sie können also an Wissen anknüpfen.

Die Aufgaben sollen dazu anregen, …
- die Grammatikkenntnisse zu aktivieren (Training Schriftliche Kommunikation: Sätze verbinden, Aufgabe 1),
- Argumente zu einem Thema und zu einer eigenen Postion (pro / contra) zu finden (Aufgabe 1, S. 69)
- Pro- und Contra-Argumente und die persönliche Meinung zu einem Thema zu erkennen und sich beim eigenen Schreiben für eine lineare oder dialektische Argumentation zu entscheiden (Aufgabe 2 und 3),
- selbst eine persönliche Stellungnahme mit Argumenten in angemessener Ausführlichkeit zu schreiben (Aufgabe 4 und 5).

Sätze verbinden

a Die Schüler beschriften in Einzelarbeit die Bilder.

b In dieser Aufgabe aktivieren die Schüler ihr Wissen über kausale Konnektoren. Geben Sie zu Beginn ggf. nochmals ein Beispiel: „Ich habe Deutsch gelernt, _____ ich mich mit meinen Cousinen, die in Deutschland lebten, gern unterhalten können wollte." (Lösungsmöglichkeiten: **A** denn, **B** obwohl, **C** weil) Lassen Sie die Schüler Lösungsvorschläge machen und diese begründen. Wichtig für die Lösung ist neben der Bedeutung auch die Wortstellung bzw. genauer die Verbstellung: Im Nebensatz steht das Verb am Ende, daher past „denn" (= Konnektor zu Beginn eines Hauptsatzes) nicht.
Die Schüler lösen die Aufgabe dann in Einzelarbeit. Fragen Sie beim Vergleich der Lösungen auch immer wieder nach der Begründung. Am Ende steht das Lösungswort: GRÜNDE.
Weisen Sie mithilfe des Tipps nochmals darauf hin, dass Konnektoren auch in der Prüfung wichtig sind.

Training Schriftliche Kommunikation ➤ S. 69–71

a – b Nach der Partnerarbeit werden Vorteile und Nachteile in der Klasse gesammelt. Die Schüler können per Handzeichen äußern, ob sie persönlich für oder gegen eine Sprachreise in den Ferien sind. Vergleichen Sie, ob die Menge der Argument die Position der Klasse widerspiegelt (z.B. mehr Argumente pro, mehr Schüler sind pro). Neben der Menge der Argumente kann aber auch die Gewichtung zu einer persönlichen Haltung führen. Sprechen Sie auch darüber, die Schüler sollen begründen, warum ein Argument (für sie) wichtiger als ein anderes ist. Auf ihre Notizen sollen die Schüler in Aufgabe 4 zurückkommen.

2

a – b Nach der Paararbeit können Sie die Ergebnisse mithilfe einer Folie auswerten – und anschließend noch in einer anderen Farbe die Meinung der beiden Schüler markieren lassen.

c – e Die Schüler lesen den Infokasten und ergänzen die Sätze. Lassen Sie die Schüler in eigenen Worten formulieren, worin der Unterschied der beiden Argumentationsformen besteht. Gehen Sie dann auf die Redemittel ein. Zur Festigung der Redemittel können die Schüler ein Redemittel-Memory erstellen: jeweils zwei Karten ergeben einen vollständigen Satz.

3

In 3er-Gruppen diskutieren die Schüler über die passende Argumentationsform. Besprechen Sie im Anschluss die Ergebnisse und auch den Tipp.

4

a Die Schüler sollten zunächst alleine ihre Notizen zu Aufgabe 1 durchgehen und sich für eine passende Argumentationsform entscheiden. Ggf. können die Schüler ihre Notizen auch in Kleingruppen besprechen und begründen, warum sie eine Form für passender halten. Geben Sie hier nochmal den Impuls, dass Argumente unterschiedlich gewichtet werden können – man sollte dann aber auch begründen können, warum man sie so bewertet. Als Hausaufgabe können die Schüler den Text, den sie in Kapitel 5, Aufgabe 5c abgeschrieben haben, untersuchen: Welche Argumentationsform ist hier zu sehen? (dialektisch)

b Als Vorübung können die Schüler eine ihrer notierten Thesen herausgreifen und nach dem Schema (vgl. Kapitel 5: Redemittel, These, Begründung / Beispiel, Fazit) ausformulieren. Besprechen Sie an verschiedenen Beispielen, was gelungen ist und was man noch verbessern könnte. Bedanken Sie sich sowohl für die gelungenen als auch für die weniger gelungenen Beispiele. Gerade letztere zeigen Fehler auf, die man in der Prüfung dann nicht mehr macht.
Eine umfangreichere Stellungnahme können die Schüler dann auch als Hausaufgabe schreiben und sich dabei schon an den Kriterien der Tabelle in 4c orientieren, bevor die Texte im Unterricht dann von den Mitschülern gelesen und ggf. korrigiert werden. Bewerten Sie einen Text ggf. einmal exemplarisch, dann fällt den Schülern die Bewertung des Textes eines Mitschülers leichter. Die gegenseitige Bewertung fördert die Kritikfähigkeit der Schüler und Sie können sich als ständiger Kritiker der Arbeiten der Schüler ein bisschen zurücknehmen.

5

a – b Die Aufgabe 5 können Sie als Hausaufgabe geben, da es aber wichtig ist, den ersten Schreibprozess stärker zu kontrollieren, empfiehlt es sich, diese Aufgabe im Unterricht als erste Prüfung einzusetzen. Geben Sie ein Zeitlimit vor: Text lesen und Argumente markieren sowie Schritt 1 bis 4 ca. 15 – 20 Minuten. Für den Schreibprozess (c) ca. 30 Minuten. Unterbrechen Sie dann – erste Erkenntnis: Wer noch nicht fertig sein sollte, muss am Zeitmanagement arbeiten. Ein erstes Feedback erfolgt durch einen Mitschüler anhand der Kriterien in Aufgabe 4c. Geben Sie ca 5 Minuten für das Lesen und 3 Minuten für das Besprechen. Im Plenum können die Schüler sich gegenseitig gelungene Argumentationen vorlesen.

Freizeit – Freie Zeit?

Training Mündliche Kommunikation ➤ S. 72

Überblick · Inhalte · Arbeitsformen

Das Prüfungsgespräch wird zum Schwerpunkt dieses Kapitels. Es geht hier um das Training der Interaktion zwischen den Gesprächspartnern und darum, dass der Schüler ein Bewusstsein dafür entwickelt, was von ihm/ihr erwartet wird.

Die Aufgaben zur Mündlichen Kommunikation …
- erklären, welche Bedeutung die Interaktion in der mündlichen Prüfung hat (Aufgabe 1a),
- trainieren, die Kriterien zu interpretieren und zu unterscheiden (Aufgabe 1b),
- üben spielerisch das Prüfungsgespräch (Aufgabe 2).

1

a – b Es ist wichtig, die Schüler mit den Kriterien der mündlichen Prüfung bekannt zu machen und diese mit ihnen genau zu besprechen. Die Prüflinge müssen wissen, was von ihnen verlangt wird. So können sie ihre Aussage und dann auch das Gespräch bewusst aufbauen. Die Aufgabe sensibilisiert die Schüler für die Interaktion. Die Schüler bewerten die Prüfungsaussagen und diskutieren darüber.

2

a – c Das Prüfungsgespräch spielerisch zu üben gibt den Schülern die Möglichkeit, sich mit der Prüfungssituation vertraut zu machen, auf Fragen spontan zu reagieren sowie Initiative zu ergreifen. Lassen Sie Ihre Schüler möglichst oft frei sprechen, sich gegenseitig Fragen stellen und anschließend die Aussagen nach den Prüfungskriterien bewerten.

Das besondere Plus
Diese Cluster für die Aufgabe MK 1 sind Ausgangspunkt für ein schönes Wortschatzspiel. Sie regen an zwischen zwei Partnern, zwei Gruppen, die meisten Nomen-Verb-Verbindungen zu knüpfen, z. B.:
1) Feuer + löschen, anzünden, anmachen, machen, entfachen, ausmachen, brennen, kontrollieren
2) Energie + produzieren, verbrauchen, speichern, abgeben, …
Oder wie im Beispiel 3) Schule + besuchen, lernen in, gehen zu, wechseln, besichtigen.
Das ist eine wichtige Vorbereitung des Verbalisierungsprozesses, denn den Schülern fehlen oft die Verben. Und auf diesem Wege kann man das als Spiel trainieren. Beginnen Sie mit Wörtern, die Sie bzw. Ihre Schüler später als Thema im Unterricht verwenden müssen.

Wortschatztraining Medien in der Freizeit ➤ S. 73

Überblick · Inhalte · Arbeitsformen

Es geht hier darum, das Prinzip der Wiederholung klarzumachen.

Die Aufgaben zum Wortschatz …
- aktivieren Wortschatz zu Medien in der Freizeit und verweisen auf ein wichtiges didaktisches Prinzip (Aufgabe 1 + Tipp),
- erfassen die eigene Mediennutzung tabellarisch (Aufgabe 2).

1

Fordern Sie die Schüler auf, sich nochmals mit dem Wortschatz aus Kapitel 1 vertraut zu machen, und lassen Sie in der darauffolgenden Stunde diese Aufgabe als kleinen Test bearbeiten.

2

a Nach dem „Test" reflektieren die Schüler ihr Medienverhalten. Machen Sie eine Umfrage in der Klasse.

b Diskutieren Sie im Plenum. Denken Sie daran, Vorschläge immer begründen zu lassen.

c Diese Aufgabe lösen die Schüler in Einzelarbeit.

d Die Schüler arbeiten zu zweit und wählen zunächst Redemittel aus, um die Umfrage auszuwerten. Sie erstellen gemeinsam eine Auswertung. Geben Sie den Schülern dafür eine bestimmte Zeit vor, z.B. 15 Minuten. Anschließend präsentieren jeweils zwei Paare wechselseitig ihre Auswertungen und diskutieren darüber: Was ist gelungen? Was fehlt evtl.? Was kann man besser machen und wie? Geben Sie hierfür 5 Minuten Zeit. Dann wechselt ein Paar den Platz und präsentiert einem anderen Paar die Auswertung.

Danach können Sie im Plenum eine Reflektionsphase anschließen: Erinnern Sie die Schüler an die erste Grafikbeschreibung und den dort verwendeten Wortschatz. Wie hat sich der Wortschatz verändert? Was ist besser geworden und warum bzw. wodurch?

Training Leseverstehen   ➤ S. 74–75

Überblick · Inhalte · Arbeitsformen

Das Leseverstehen aktiviert das Wissen aus Kapitel 2 und Sie erweitern mit Ihren Schülern die Lösungsstrategien. Sie üben mit einem nicht unbekannten Themenmix (Freizeit- und Medienverhalten) die Techniken und nutzen den Text auch als eine Wortschatzquelle.

Die Aufgaben zum Leseverstehen …
- reaktivieren das Wissen zu LV 2 (Aufgabe 1),
- üben die Lösungsstrategie ein, überprüfen die Lösungen und initiieren eine Fehlerdiskussion (Aufgabe 2),
- fordern auf, den Text für Wortschatzarbeit zu nutzen (Aufgabe 3),
- fordern eine mündliche Leistung – eine Textzusammenfassung (Aufgabe 4).

1

Lassen Sie die Schüler in Kapitel 2 nachschauen, um die Aufgabe zu lösen.

2

a Besprechen Sie das Beispiel und die erste Aufgabe im Plenum. Aktivieren Sie nochmals wichtige Strategien: Wo ist das Signalwort im Beispiel bzw. in der Aufgabe? Wo findet sich das Signalwort im Text? Was heißt das mit eigenen Worten? Zeigen Sie das Vorgehen ggf. nochmals mithilfe einer Folie, auf die das Beispiel kopiert ist: Unterstreichen Sie Signalwörter. Geben Sie den Schülern ca. 20 Minuten zum Lösen der Aufgabe.

b Besprechen Sie die Lösungen und deren Begründung im Plenum.

c Sammeln und strukturieren Sie die Fehlerquellen nochmals im Plenum.

3

In der Textzusammenfassung wird der wesentliche Inhalt und ein Gesamtverständnis von Ihrem Schüler abgerufen. Jeder hat maximal 3 Minuten Zeit. Lassen Sie die Schüler nach Austausch der Zusammenfassung wieder den Platz wechseln und mit einem neuen Partner die Zusammenfassung austauschen.

Training Hörverstehen   ➤ S. 76–77

Überblick · Inhalte · Arbeitsformen

Dieser Teil beginnt mit der Vorentlastung des HV-Themas. In der Wortschatzarbeit erfahren die Schüler, wie wichtig Umschreibungen und Synonyme sind. Es wird außerdem die Aufarbeitung des Wortschatzes und ein Grundverständnis für das Thema für die folgende Hörverstehensaufgabe gesichert.

Das Hörverstehen knüpft thematisch an die Wortschatzaufgaben zum Thema Freiwilliges Soziales Jahr an.

Die Aufgaben zum Wortschatz …
- üben Synonyme und Umschreibungen (Aufgaben 1 und 2).

Die Aufgaben zum Hörverstehen …
- vertiefen das Wissen über das FSJ (Aufgabe 3),
- üben Notizen beim Hören zu machen (Aufgabe 4a),
- nennen Strategien beim Prüfungstext 3 (Aufgabe 4).

1 **2**

In diesen Aufgaben ordnet der Schüler bestimmte Begriffe den Umschreibungen zu. Es wäre auch die umgekehrte Aufgabe zu empfehlen, bei der die Schüler verschiedene Begriffe umschreiben. Eine solche Fertigkeit hilft, wenn einem ein Wort entfallen ist (z.B. ein monatlicher Betrag, die Behandlung, der Experte, der Lohn, …). Sie können die Aufgaben auch in zwei Gruppen lösen lassen und dann in Paaren (jeweils einen Schüler aus der einen und einen Schüler aus der anderen Gruppe) die Lösungen austauschen lassen. Führen Sie die Kontrolle der Ergebnisse dann im Plenum durch.

Geben Sie evtl. als Hausaufgabe, Unterschiede im Versicherungssystem von Deutschland und des eigenen Landes zusammenzustellen.

Das besondere Plus

Trainieren Sie die Umschreibungen in Form eines WS-Spiels. Fordern Sie Ihre Schüler auf, einen Gegenstand zu beschreiben. Sie haben auf Zetteln verschiedene Begriffe stehen – Flugzeug, Messer, Wasser, Ohr, Uhr usw. Die Schüler ziehen einen Zettel und beschreiben diesen, ohne das Wort zu nennen. Nur eine gute Umschreibung erhält einen Punkt und die Umschreibung muss mindestens drei Sätze umfassen. Erst dann soll der Begriff erraten werden. Es geht nicht um das Erraten! Sie sollten die Klasse in kleinere Gruppen einteilen. Dann werden die Zettel von der einen Gruppe zur anderen Gruppe weitergegeben. Eine Wiederholung ist hier auch Absicht. Ihre Schüler trainieren Umschreibungen, sie lernen, mit fehlendem Wortschatz und mit der Situation umzugehen. Das gibt Sicherheit für MK und ist auch für die SK nützlich.

4

a Diese Aufgabe trainiert, Notizen beim Hören zu machen. Es ist eine der Techniken, sich auf den ganzen Text zu konzentrieren und nicht auf die einzelnen Aufgaben. Sie eignet sich besonders bei Prüfungsteil 3, den die Schüler zweimal hören. Machen Sie Ihre Schüler darauf aufmerksam, dass Sie keine vollständigen Sätze schreiben, sondern Stichworte oder Abkürzungen. Es hilft auch, Zeichen wie „!", „?" u.a. zu verwenden.

b Das ist eine typische Prüfungsaufgabe zum Prüfungsteil 3. Besprechen Sie die Lösungen im Plenum: Wo und warum sind eventuell Schwierigkeiten aufgetaucht? Anschließend können Sie den Text noch einmal mit Pausen abspielen.

c Die Schüler sprechen im Plenum über ihre Erfahrungen. Alternativ können Sie auch Kleingruppen bilden und jeder Gruppe den Auftrag geben, eine positive und eine negative Erfahrung zu notieren.

Portfolio 6: Arbeit mit dem Wörterbuch ➤ S. 78

Überblick

Beim Fremdsprachenlernen spielt die Arbeit mit dem Wörterbuch eine sehr wichtige Rolle. Hier werden wichtige Aspekte überprüft, wiederholt und trainiert.

Die Aufgaben helfen …
- bei der Auswahl eines Wörterbuches (Aufgabe 1),
- dabei, „falsche Freunde" zu identifizieren (Aufgabe 2).

1

a In dieser Aufgabe vergewissern sich die Schüler, ob ihr Wörterbuch für das Niveau C1 geeignet ist.

b Überprüfen Sie, ob Ihre Schüler alle Abkürzungen in ihren Wörterbüchern verstehen. Fragen Sie exemplarisch einige Abkürzungen ab.

2

Die zweite Aufgabe sensibilisiert die Schüler unter anderem für Idiome und den manchmal gefährlichen Transfer aus der Muttersprache.

Zusätzliche Tipps:

Für die Schüler wird die Arbeit mit dem Wörterbuch zur Gewohnheit, wenn sie mindestens eine ganze Stunde damit verbringen. Beachten Sie dabei Folgendes:

- Reflektieren Sie mit den Schülern die Situationen, in denen das Wörterbuch nützlich sein kann (nicht nur in der Phase *die Bedeutung suchen*, auch in der Phase *sich vergewissern und prüfen*).
- Vergewissern Sie sich, ob alle Schüler wirklich gut wissen, wo sich in ihren Wörterbüchern besondere Buchstaben (wie alle Umlaute) befinden.
- Wiederholen Sie mit den Schülern auch, wo sie schnell die Tabelle der unregelmäßigen Verben finden.
- Klären Sie mit den Schülern die wichtigsten Abkürzungen in ihren Wörterbüchern und wie die Silbentrennung markiert ist.
- Üben Sie mit den Schülern auch die Lautschrift.
- Überlegen Sie mit den Schülern, wann Sie mit dem zweisprachigen Wörterbuch arbeiten sollen, wann aber das einsprachige nützlicher ist.

Erinnern Sie Ihre Schüler daran, dass sie bei der Arbeit mit den muttersprachlichen Texten bei dem Projekt unbedingt Folgendes beachten sollen:

- Zuerst den Text lesen und die wichtigsten Stellen und Fachbegriffe markieren.
- Bei der *Übersetzung* nicht mit dem ersten Wort im Satz, sondern mit den wichtigsten Wörtern (Fachbegriffen) beginnen.
- Nie den ganzen Text Wort für Wort übersetzen (den roten Faden finden und nur ihn übersetzen), nicht die Wörter selbst übersetzen, sondern die Kontexte.

Tipp

Lassen sie Ihre Schüler so oft wie möglich im Wörterbuch nachschlagen, um sie an die Arbeit damit zu gewöhnen.

3

Zu jedem Portfolio gehört auch ein Glossar mit dem Fachvokabular zu dem jeweiligen Projektthema. Dieses Vokabular ist auch eine Lernhilfe. Die Schüler können ihre Glossare ähnlich den Wörterbucheinträgen schreiben (Genus und Pluralform bei Substantiven, Infinitiv und Hilfsverb bei Verben, zugehörige Präpositionen). Die Schüler sollen möglichst einsprachige Erklärungen schreiben. Weisen Sie die Schüler darauf hin, dass nicht zu jedem Wort eine Erklärung notwendig ist. Wenn man wie in der Aufgabe das Wort „Tierschutz" übersetzt, braucht man *Tierschutzorganisation* nicht mehr zu übersetzen. Dennoch bleibt das Wort aber im Glossar stehen.

Selbstevaluation ➤ S. 79

Die Selbstevaluation ist wie immer ein wichtiger Rückblick für Sie und Ihre Schüler. In den ersten Kapiteln haben Sie den Prozess begleitet. Nehmen Sie auch hier wieder die Verantwortung wahr. Erfahrungsgemäß sieht der Schüler keine Veranlassung, diesen Schritt selbst aktiv durchzuführen. Geben Sie dem Schüler immer nach jedem abgeschlossenen Aufgabenteil (Wortschatz- oder Leseverstehen oder Schriftliche Kommunikation – Teilbereich: Argumentation usw.) etwa 5 Minuten zur Selbstreflektion.

7 Mobilität

➤ S. 80

Wortschatztraining Mobilität

Überblick · Inhalte · Arbeitsformen

Kapitel 7 greift das Thema Mobilität auf. Es ist ein umfassendes Thema und beeinflusst verschiedene andere Themen (Globalisierung, Arbeit und Beruf, Sprache).

Die Aufgaben zum Wortschatztraining …
- regen die Suche nach Synonymen an, die ursprünglich aus anderen Sprachen stammen (Aufgabe 1),
- regen an, aus Adjektiven bzw. Verben Nomen abzuleiten (Aufgabe 2a),
- üben das Erklären und Umschreiben von Begriffen (Aufgabe 2b).

Nutzen Sie die Bilder für den Einstieg in das Thema. Fragen Sie: Was haben die Bilder mit dem Thema „Mobilität" zu tun? Führen Sie ein offenes Gespräch in der Klasse. Wenn das Gespräch ins Stocken gerät, machen Sie selbst Vorschläge, z.B.:

Bild 1: wandern, auf Reisen sein, unterwegs sein, Zug fahren, jemanden besuchen, Rucksacktouristen, früher langsam mit der Pferdekutsche reisen und heute schneller, …
Bild 2: Lebensmittel „reisen" rund um die Welt, Getreide wird hier geerntet und dann verschifft, Brötchen auf den Bahnhöfen gehen als Imbiss mit auf die Reise, auch andere Lebensmittel „reisen" immer weitere Strecken, Baguette war früher typisch für Frankreich (heute praktisch weltweit verbreitet), …
Bild 3: Entfernungen zwischen Städten bzw. Ländern werden immer unwichtiger (z.B. durch schnelle Transportmittel), touristische Mobilität, Reiseziele, wie / womit reist man (Auto, Flugzeug, Zug, Schiff, …), wie lange brauchte man früher und wie lange braucht man heute für bestimmte Entfernungen, …
Bild 4: Menschen werden immer mobiler, berufliche Flexibilität, lernen / studieren in anderen Ländern (Auslandsschuljahr / Auslandssemester), …

Ziel: Die Schüler sollen Mobilität mit anderen Themen verknüpfen. Sie sollen auch verstehen, dass Sprache ebenso „mobil" ist wie Menschen oder Produkte und dass dies kein neues Phänomen ist.

Tipp

Das Thema „Mobilität" zieht sich als „Roter Faden" durch die Kapitel 7 bis 10. In den Kapiteln 8 und 10 gibt es weitere Angebote (eine Jacke auf Reisen, regionales Essen bzw. regionale Produkte auf Reisen, touristische sowie berufliche Mobilität). Erstellen Sie mit den Schülern eine Wort- / Ideensammlung zum Thema „Mobilität" (z.B. als Plakat). Ergänzen Sie nach jeder passenden Aufgabe die Sammlung.

1

Lassen Sie zuerst ohne Wörterbuch arbeiten und erst bei Problemen können die Schüler das Wörterbuch hinzuziehen. Regen Sie aber zuerst an, das gesuchte Wort evtl. aus der Muttersprache abzuleiten.

2

a Zunächst aktivieren die Schüler ihr Wissen über Nominalisierung. Fragen Sie, welche Möglichkeiten die Schüler kennen, um aus einem Verb / Adjektiv ein Nomen zu machen, z.B. die Endungen „-ung", „-nis", „-tum" ergänzen oder „das + Großschreibung" usw. Notieren Sie diese an die Tafel. Nun leiten die Schüler aus den vorgegebenen Begriffen Nomen ab. Bei Problemen können die Schüler das Wörterbuch hinzuziehen. Anderenfalls überprüfen die Schüler erst im Anschluss mithilfe des Wörterbuchs ihre Antworten.

b Diese Aufgabe lösen die Schüler in Kleingruppen.

➤ Sie finden auf Kopiervorlage 2 ein zusätzliches Kreuzworträtsel.

Überblick · Inhalte · Arbeitsformen

In diesem Teil soll sich der Schüler in verschiedene Rollen versetzen: Er ist einmal Präsentierender, dann Zuhörer und auch die Person, die nachfragt (= z.B. Prüferposition, aber auch Diskussionsteilnehmer).

Der Autor des Prüfungsblattes bzw. der Präsentation …
- entwirft selbst das Blatt mit Stichwörtern.

Der Prüfling …
- wiederholt die wichtigsten Wendungen zu jedem Teil eines Kurzvortrages,
- bereitet den Kurzvortrag zum Thema Mobilität vor,
- erstellt eine Folie,
- präsentiert das Thema,
- beantwortet Fragen bzw. führt das Gespräch.

Der Prüfer …
- stellt Fragen zu dem Vortrag,
- wertet den Kurzvortrag seiner Partner aus,
- führt das Gespräch.

1

a Geben Sie den Schülern 5 Minuten Zeit, um in Kleingruppen das Cluster zu ergänzen.

b Vergleichen Sie die Ergebnisse kurz im Plenum. Weisen Sie bei Unsicherheiten nochmals auf die Übersicht („Bestandteile einer Arbeit", ➤ S. 37 des Lehrerhandbuchs) hin.

c Für diesen Schritt geben Sie den Schülern 10 Minuten Zeit.

d Geben Sie auch hier wieder eine Zeit vor: 5 Minuten für jede Kurzpräsentation. Halten Sie die Schüler an, auch innerhalb der Gruppe darauf zu achten, dass jede/r die Vortragszeit einhält; die Schüler sollen dies eigenständig in der Gruppe kontrollieren.

e Das Prüfungsgespräch soll auch maximal 5 Minuten dauern.

f Reflektieren Sie mit den Schülern zum Schluss auch gemeinsam, worauf man achten muss, damit alle Vortragsteile gut zum Ausdruck kommen, und woran man denken muss, damit man überzeugend wirkt. Sammeln Sie gemeinsam Ideen und schreiben Sie diese an die Tafel, z.B.:
- den Vortrag planen
- eindeutig die Meinung / Definition / Begriffserklärung formulieren
- klare Beispiele geben
- auf die Fragen konkret reagieren
- Blickkontakt halten
- …

Tipp

Wenn Ihre Schüler Hilfe beim Anfertigen von Notizen während des Vortrags brauchen (Aufgaben 1d und 1e), können Sie dies zuerst gemeinsam mit ihnen üben. Ein Schüler hält freiwillig seinen Kurzvortrag. Sie machen – ebenso wie die Schüler – Notizen bei jedem Kriterium (erfüllt / nicht erfüllt). Notieren Sie sich auch ein Beispiel („Beispiel für den Einstieg: sehr gut") oder eine Ergänzung zu einem Kriterium („Pro-Argumente ok, keine Contra-Argumente"). Nach dem Kurzvortrag zeigen Sie dies den Schülern oder notieren ggf. einzelne Punkte / Wörter an der Tafel, damit sie für alle lesbar sind. Erläutern Sie den Schülern, dass es nicht nur um ein „Abhaken" der Liste geht, sondern sie die Bewertung auch begründen können sollen. Machen Sie dies dann anhand Ihrer Notizen für den Beispielvortrag. Vermitteln Sie Ihren Schülern, dass bei dem Feedback nicht allein die Zahl der Pluspunkte zählt, sondern auch die Begründung der Bewertung.

Für alle Aufgaben brauchen Sie mehr als eine Unterrichtsstunde. Die Aufgaben 1b, c können Sie alternativ auch als Hausaufgabe geben.

Überblick · Inhalte · Arbeitsformen

Das „Freiwillige Soziale Jahr" ist eine Möglichkeit für Jugendliche, sich ein halbes oder ganzes Jahr in Deutschland oder im Ausland bei einer sozialen Einrichtung zu engagieren. Ausführlich beschäftigen sich die Schüler später in der Schreibaufgabe damit. Die Schüler erhalten hierfür Impulse (Text und Grafik). Die Schüler sollen den kompletten Aufbau einer Erörterung aus „zerrissenen" Zetteln zusammenfügen. So werden die einzelnen Teile aus den vorangegangenen Kapiteln (Textwiedergabe in den Kapiteln 1 und 2, Grafik in den Kapiteln 3 und 4, Pro-Contra-Diskussion bzw. eigene Meinung in den Kapiteln 5 und 6) zusammengeführt.

Die Aufgaben der Schriftlichen Kommunikation …
- präsentieren ein Muster der kompletten Prüfungsaufgabe (Aufgabe 1),
- schaffen Bewusstsein für den Aufbau des zu schreibenden Prüfungstextes (Aufgabe 2a – b),
- geben den einzelnen Bausteinen Namen (Aufgabe 2c),
- erklären das Vorgehen zum Artikulieren der eigenen Meinung (Aufgabe 3),
- stellen mögliche Varianten einer Einleitung vor (Aufgabe 4),
- beschäftigen sich mit den Überleitungen des Textes (Aufgabe 5),
- regen zum Schreiben eines sinnvollen Schlusses an (Aufgabe 6).

1

Weisen Sie die Schüler ggf. darauf hin, dass es nicht um das Thema (die Überschrift) des Textes oder der Grafik geht, sondern das Thema in der Aufgabenstellung oben genannt wird. Manche Schüler verwechseln das. Die Überlegungen in 1b können die Schüler auch wieder bei der persönlichen Stellungnahme nutzen.

2

a – b Die Schüler lösen die Aufgabe in Einzelarbeit und vergleichen dann mit dem Nachbarn. Alternativ kopieren Sie die Seite und schneiden die Teile aus. Die Schüler lösen die Aufgabe dann in Kleingruppen, jede Gruppe erhält jeweils die 9 Textteile und legt sie zu einem vollständigen Text zusammen. Helfen Sie bei Bedarf. Vergleichen Sie abschließend die Lösung im Plenum.

c In Aufgabe 2c bekommt jeder Baustein einen Namen. Verdeutlichen Sie den Schülern, dass damit auch der Aufgabentyp LV 1 geübt wird: „Bitte ordnet die Überschriften den Zetteln zu – wie in einer Aufgabe des Typs LV 1!"

Wenn Sie Aufgabe 2a mit Zetteln bearbeitet haben, können Sie diese weiter benutzen. Schreiben Sie die Formulierungen aus dem Kasten bereits an die Tafel, während die Schüler Aufgabe 2a und b lösen. Dann können die Schüler die „Überschriften" auf die Rückseite der Zettel schreiben. Diese Variante ermöglicht es Ihnen, diese Aufgabe in der nächsten Stunde als Wiederholungsübung durchzuführen.

3

Die eigene Meinung muss nicht mehr als einzelner Textbaustein ausgeführt werden, sie muss aber dem Text zu entnehmen sein. Besprechen Sie mit Ihren Schülern, welche Möglichkeiten dafür zur Verfügung stehen, und welche Redemittel man dafür nutzen kann. Sie können hierfür auch auf die Texte auf S. 69 (Kapitel 6) und den Text zu den Sätzen auf S. 65 (Kapitel 5) zurückkommen. Weitere Redemittel bekommen die Schüler in Aufgabe b. In Partnerarbeit können die Schüler die Redemittel aufschreiben, z.B. auch auf ein Plakat. Darauf können Sie bei der weiteren Arbeit immer wieder verweisen. Fragen Sie am Ende von Aufgabe 3, was einfacher ist: mit den Redemitteln zu arbeiten oder explizit die eigene Meinung an die Erörterung anzufügen.

4

a – c Machen Sie Ihre Schüler darauf aufmerksam, dass die Einleitung wichtig ist, wie eine „Einladung" zum Weiterlesen. Aber sie darf nicht zu viel Zeit kosten, zu lang werden oder den Schreiber blockieren. Wenn Sie weiter üben wollen, können Sie so vorgehen: Schreiben Sie ein möglichst ansprechendes Thema an die Tafel (Lieber länger Ferien?; Schüler benoten Lehrer; Urlaub im eigenen Land – na klar!). In ca. 10 Minuten schreiben die Schüler möglichst viele Einleitungen auf (je Einleitung ein Zettel). Anschließend (in Gruppen) vorlesen und den Themen zuordnen. Gehen Sie auch darauf ein, was möglichst nicht in einer Einleitung stehen sollte (Tipp S. 85 unter 4b).

5

Auch hier können die Schüler ein Plakat zur Dokumentation erstellen: Teilen Sie drei Gruppen ein, jede schreibt die passenden Redemittel für eine bestimmte Überleitung. Achten Sie darauf, dass die Redemittel auch wirklich verstanden und nicht „blind" eingesetzt werden. Endet z.B. die Einleitung (wie in Baustein B, S. 83) mit „… einen Beruf lernen oder doch für eine Zeit ins Ausland gehen?", passt die Überleitung „Mit diesem Thema beschäftigt sich auch der Text von …" nicht. Denn der Text beschäftigt sich nicht damit. Gehen Sie später bei der Korrektur auch auf solche Fehler ein und besprechen Sie diese im Plenum.

6

Als Einstieg können Sie z.B. ein gerade aktuelles Lied anspielen und kurz vor dem Ende ausmachen. Vielleicht verdeutlicht das den Schülern anschaulicher als Worte, das ein Ende zu einem Stück dazugehört, genau so wie zu einem Text in der Prüfung. Auch für einen Schluss gibt es verschiedene Möglichkeiten, mit denen sich die Schüler beschäftigen sollten. Mit dem Schluss kann sich z.B. ein Kreis schließen (Aufgabe 6b). Fordern Sie am Ende auf (Aufgabe 6c), vielleicht einen besseren Abschluss zu finden.

Training Leseverstehen	➤ S. 86–87

Überblick · Inhalte · Arbeitsformen

Im Leseverstehen wiederholen die Schüler die Herangehensweise und die Lösungsstrategien, die für LV 3 wichtig sind. Sie sollen sich an den Aufgabentyp erinnern, die Techniken aktivieren, Fehlerquellen erkennen und Konsequenzen ableiten für weitere Übungen, die helfen, sich zu verbessern.

Die Aufgaben zum Leseverstehen …
- erinnern an den Aufgabentyp (Aufgabe 1),
- üben den Lösungsweg (Aufgabe 2a, b, c),
- analysieren die Fehlerquellen und regen zu einer kritischen Auswertung an (Aufgabe 2d),
- leiten Konsequenzen für die Weiterarbeit ab (Aufgabe 2e).

1

Die Schüler lösen die Aufgabe in Einzelarbeit und schlagen dafür ggf. in Kapitel 3 nach. Vergleichen Sie kurz im Plenum.

2

a Trainieren Sie mit den Schülern ggf. das Überfliegen eines Texts. Geben Sie den Schülern für das Überfliegen eines Texts und das Nennen eines Themas eine bestimmte Zeit vor und verkleinern Sie die Zeitspanne beim nächsten Text. Bei dem Text zu dieser Aufgabe könnten Sie beispielsweise eine Zeitspanne von 20 Sekunden vorgeben, nach der Sie das Thema des Texts abfragen.

b – c Schauen Sie sich mit Ihren Schülern noch einmal die Infos in Kapitel 3, Seiten 35 / 36, und Aufgabe 1e an. Fordern Sie Ihre Schüler auf, sich an diesen Hinweisen zu orientieren. Geben Sie den Schülern Zeit, die Aufgabe in Ruhe zu lösen.

d Werten Sie gemeinsam mit Ihren Schülern die Ergebnisse aus. Lassen Sie die Schüler mit den richtigen Ergebnissen begründen, warum sie diese Entscheidung getroffen haben. Lassen Sie auch ein „Bauchgefühl" stehen, weisen Sie dann aber später auf die objektiven Begründungen hin. Wenn die Begründung des ersten Schülers nicht verstanden wird, dann lassen Sie noch einen zweiten Schüler begründen. Tragen Sie an der Tafel die Fehlerquellen zusammen (Vorgabe wie in 2e, aber führen Sie eine Strichliste darüber, wer das für seinen Fehler hält). Danach gehen Sie zur nächsten Aufgabe über. Ansonsten könnte der Prozess der Auswertung zu lange dauern, die Schüler werden unkonzentriert oder langweilen sich nach der vierten Erklärung. Lassen Sie die Schüler in 2e selbst formulieren, woran sie arbeiten müssen; die Sammlung der Fehlerquellen an der Tafel kann als Ausgangspunkt dafür dienen. Meist ist der Wortschatz die Fehlerquelle Nummer 1. Deswegen lassen Sie den Text am Ende nochmals in Ruhe lesen und wichtigen Wortschatz sammeln (z.B. mit Haftklebezetteln oder in der Selbstevaluation).

Wortschatztraining „Bewegung"   ➤ S. 88

Überblick · Inhalte · Arbeitsformen

Diese Aufgabe ist ein Angebot, sich weiter mit Wortschatz zum Thema Mobilität zu beschäftigen. Die Aufgabe animiert, über die Technik Verben + Präfix selbst Wortschatz zu bilden. Sie verweist außerdem darauf, dass sich mit dem Wechsel der Präfixe neue Bedeutungen ergeben.

Die Aufgaben …
- sammeln Verben der Fortbewegung (Aufgabe 1a),
- zeigen den Variationsreichtum der Wortbildung mit Verb + Präfix (Aufgabe 1b),
- trainieren die Verbbildung mit Präfixen und das Verstehen der Bedeutungsunterschiede (Aufgabe 1c),
- wenden die gewonnene Erkenntnis beim Verb „wandern" an (Aufgabe 1d),
- zeigen den Bedeutungswandel eines Verbs durch Änderung der Vorsilbe (Aufgabe 1e).

1

a Teilen Sie die Klassen je nach Größe in Gruppen z.B. von drei Personen auf. Jede Gruppe sammelt Verben der Bewegung. Welche Gruppe hat die meisten? Geben Sie eine Zeit vor, z.B. 2 Minuten.

b Lassen Sie die Schüler mithilfe eines Wörterbuches herausfinden, welche Kombinationen möglich sind. Zu jedem Wort bilden die Schüler auch einen Satz; vergleichen Sie dann im Plenum.

c Die Schülergruppen sollten jetzt mit den Präfixen neue Wörter aus den Bewegungsverben, die sie in 1a gefunden haben, bilden. Sie können aus diesen Wörtern auch ein gemeinsames Plakat gestalten. Sie können diese Aufgabe auch als Hausaufgabe (Plakatgestaltung) aufgeben.

d Die Schüler lösen die Aufgabe in Einzelarbeit und vergleichen dann mit dem Nachbarn.

e Beginnen Sie die Übung spielerisch, zum Beispiel: „Deine Nase läuft. Hier hast du ein Taschentuch. – Kann eine Nase wirklich „laufen"?" Über diesen Einstieg verstehen die Schüler die Aufgabe und lösen die 10 Sätze mithilfe des Wörterbuches. Lassen Sie die Schüler auch andere Formulierungen für die Sätze bzw. Fragen finden.

Das besondere Plus

Zusätzliches Wortschatztraining: „Verwechsle mich nicht"
Lassen Sie die Schüler z.B. von den Verben schreiben, lesen, lassen, hören, machen mithilfe von Präfixen neue Verben ableiten und aufschreiben. Die Schüler sollen auch die Bedeutungen kennen und im Zweifelsfall nachschlagen. ➤ Kopiervorlage 3

Sie können die Aufgaben auf der Kopiervorlage als Ganzes in Einzel- oder Partnerarbeit lösen lassen oder auch nur eine einzelne Aufgabe an die Tafel schreiben – das eignet sich besonders gut, um zwischendurch den Wortschatz zu wiederholen. Aufgaben, die den Schülern viele Probleme bereiten, können Sie in den darauffolgenden Stunden mehrmals wiederholen.

Training Hörverstehen   ➤ S. 89

Überblick · Inhalte · Arbeitsformen

Das Thema des Hörtexts könnte für die Schüler sehr interessant sein, da es um ein Schuljahr im Ausland geht. Es werden Aufbau und Lösen von HV 1 wiederholt.

Die Aufgaben zum Hörverstehen …
- erinnern an die Struktur des ersten Prüfungstexts (Aufgabe 1),
- üben den Umgang mit Multiple-Choice-Aufgaben beim Hörverstehen (Aufgabe 2).

1

In der Aufgabe kontrollieren die Schüler ihr Wissen über die Struktur der HV-Prüfung. Das Wissen davon, ob ein Text einmal oder zweimal gehört werden sollte, ist entscheidend bei der Wahl des HV-Verfahrens. Bei einmal gehörten Texten muss man die Entscheidung gleich treffen und sich schnell auf die nächste Aufgabe konzentrieren. Bei Unklarheiten sollte man erst dann überlegen, wenn der Text zu Ende abgespielt worden ist. Nur durchs Üben lernen die Schüler, nicht in Panik zu geraten, wenn sie etwas nicht verstanden haben.

2

Die Schüler trainieren die Aufgaben des Prüfungstexts 1. Danach können Sie sie dazu anregen, über eigene Erfahrungen beim Lösen der Aufgaben in der Klasse zu sprechen. Sie weisen Sie darauf hin, dass keine Lösung auf jeden Fall falsch ist. Wenn die Schüler auf gut Glück ein Kästchen ankreuzen, können sie Glück haben, aber das ist natürlich nur eine „Not-Strategie" und keine, auf die man setzen sollte.

Portfolio 7: Arbeit mit Texten ❯ S. 90

Überblick

Nachdem die Schüler ihre Texte gesammelt haben, kommt jetzt die Zeit, sie zu bearbeiten.
Die Schüler können evtl. ihre Texte nach und nach bearbeiten, nicht unbedingt erst jetzt, wenn sie sie komplett haben. Die Aufgaben in diesem Text beschreiben die folgenden Schritte. Die Gruppenarbeit gibt den Schülern die Möglichkeit, das Portfolio der Partner mit dem eigenen zu vergleichen.

Das Ziel hier ist …
- alle Texte zu lesen und den Inhalt zu reflektieren (Zuordnung der Aufgabe nicht vergessen),
- das Wichtigste zu markieren,
- ein Glossar zu erstellen, um neue Begriffe zu ergänzen,
- sich zu fragen, welche Informationen für den Vortrag wichtig sind,
- das Wichtigste zu exzerpieren und zu beschreiben.

Die Schüler können verschiedene Arbeitsweisen bei der Arbeit mit den Texten wählen, je nach ihren Gewohnheiten. Die meisten Schüler wählen aber das Markieren, manche kleben auch am Rand Kärtchen mit kurzen Notizen. Es gibt welche, die die Texte nicht „beschmutzen" wollen, schreiben also beim Lesen ihre Notizen separat. Weil das von den unterschiedlichen Lernstilen unserer Schüler abhängt, sollte man das akzeptieren.
Man sollte aber keinesfalls diesen Schritt vernachlässigen.

Lassen Sie in einer Übungsstunde jeden Schüler einen seiner Texte mitbringen, erinnern Sie an die Regeln für das Markieren und helfen dann den Schülern beim Bearbeiten ihrer Texte. Üben Sie dann entsprechend auch das Exzerpieren. Helfen Sie den Schülern dabei, nicht an jedem Wort zu „kleben" und sofort im Wörterbuch nachzuschlagen, sondern erst einmal zu versuchen, den Textzusammenhang zu erfassen. Wichtige Fachbegriffe gehören in das Glossar.

Tipp

Wenn die Schüler ihre Texte gelesen haben, empfehlen Sie ihnen, die kurzen Zusammenfassungen (es müssen nicht unbedingt volle Texte sein) auf Blättern anderer Farbe zu schreiben und diese jedem Text / Artikel bzw. sonstigem Material beizufügen. Das erleichtert ihnen die Vorbereitung der letzten Version des Vortrags.

Denken Sie bei allen Vorbereitungen daran, dass die Schüler ihr Thema gut und sicher vorbereiten sollen, aber keinen Text auswendig lernen dürfen. Auswendiglernen hindert am freien Sprechen und wird in der Prüfung negativ beurteilt – der Prüfer wird den Kandidaten sogar unterbrechen, sobald er den Eindruck hat, ein auswendig gelernter Text wird vorgetragen. Aber: Je besser ein Schüler seine Texte gelesen, verstanden und vorbereitet hat, desto sicherer wird er sich in der Prüfung äußern können. Erinnern Sie auch daran, dass 5 Minuten zur Verfügung stehen, um das Thema zu präsentieren.

Um zu erfahren, wie viel Text den 5 Minuten entspricht, lassen Sie die Schüler zuhause folgende Übung durchführen: Sie sollen den Wecker bzw. Timer auf 5 Minuten stellen und langsam einen beliebigen Text laut vorlesen. Weil jeder ein anderes Sprech- und Lesetempo hat, werden die Texte verschiedene Länge haben. Beim freien Sprechen wird der Text noch kürzer, weil man dabei natürliche Pausen macht.

Selbstevaluation ➤ S. 91

Die Selbstevaluation ist auch hier eine wichtige Möglichkeit zu überprüfen, wo der Schüler steht. Leiten Sie diese Selbstreflektion des Lernprozesses weiter an. Nehmen Sie sich dafür Zeit. Am besten jeweils nach Abschluss der Teilaufgaben. Für Sie ist es eine wichtige Quelle, an welchen Punkten Sie dem Schüler helfen können bzw. wo Sie in der Arbeit mit der Klasse Schwerpunkte setzen.

8 Globalisierung

Wortschatztraining Globalisierung ➤ S. 92

Überblick · Inhalte · Arbeitsformen

In diesem Kapitel wird das Thema „Mobilität" aus Kapitel 7 wieder aufgegriffen. So können Sie den Schülern zeigen, dass viele Themen und entsprechend auch der Wortschatz miteinander verbunden sind. Das Thema „Globalisierung" wird hier mit den zwei bekannten Themen „Essen" und „Familie" verbunden. Den Schülern kann deshalb sprachliche Progression bewusst gemacht werden.

Die Aufgaben zum Wortschatz ...
- geben ein anschauliches Beispiel für „Globalisierung" (Aufgabe 1),
- regen zur Systematisierung der Gedanken in einer Mindmap an (Aufgabe 2).

Die Schüler lösen die Aufgaben in Einzelarbeit, Aufgabe 2 ggf. auch in Partnerarbeit oder Kleingruppen.

1

Lassen Sie die Schüler in Stillarbeit den Text lesen und den Weg der Jeans in die Weltkarte einzeichnen. Es geht nicht darum, den Weg bzw. alle Länder möglichst präzise in der Karte einzuzeichnen, sondern sich den langen Weg (und die scheinbaren oder tatsächlichen Umwege) zu vergegenwärtigen. Diskutieren Sie anschließend im Plenum, wie sich das Phänomen „Globalisierung" an diesem Beispiel zeigt. Mögliche Stichworte können sein: Waren werden nicht (mehr) dort produziert / entsorgt, wo sie gekauft und benutzt werden; im Laufe des Lebenszyklus' eines Produkts reist es (sogar mehrmals) um die Erde (Transportkosten? Schadstoffausstoß?).

2

Die Schüler ergänzen die Mindmap in Einzelarbeit. Vor allem in sehr heterogenen Gruppen können die Schüler aber auch zu zweit oder in Kleingruppen zusammenarbeiten, wobei mindestens ein stärkerer Schüler in jeder Gruppe sein sollte.

Das besondere Plus

Lassen Sie zur Festigung des Wortschatzes zwischendurch immer mal eine Variante des Spiels „Ich packe meinen Koffer" spielen: Lassen Sie die Schüler beginnen mit „Beim Thema ‚Globalisierung' denke ich an ..." und dann den passenden Wortschatz ergänzen. Ebenso wie bei „Ich packe meinen Koffer" sagt der erste Schüler einen Begriff, der zweite wiederholt diesen und ergänzt einen neuen Begriff, der dritte Schüler wiederholt die beiden ersten Begriffe und ergänzt einen dritten usw.

Training Hörverstehen ➤ S. 93

Überblick · Inhalte · Arbeitsformen

Mit diesen Aufgaben wird das Hörverstehen 1 trainiert.

Die Aufgaben zum Hörverstehen ...
- üben den Aufgabentyp HV 1 (Aufgabe 1),
- regen zum Austausch von Lösungsstrategien an (Aufgabe 2).

Die Vorentlastung zu den Aufgaben können Sie im Plenum durchführen, anschließend lösen die Schüler Aufgabe 1 in Einzelarbeit, Aufgabe 2 in Kleingruppen.

Sie können zu diesen Aufgaben auch mithilfe der Mindmap auf Seite 92 im ÜB (Wortschatztraining, Aufgabe 2) überleiten: Lenken Sie die Aufmerksamkeit der Schüler auf den Wortschatz zum Thema „Lebensmittel" im Zusammenhang mit Globalisierung. Fragen Sie, ob die Schüler Wortschatz zu dem Thema gesammelt haben und bitten Sie sie, ihn den anderen vorzustellen sowie ggf. zu erläutern. Falls die Schüler keinen Wortschatz zu „Lebensmitteln" gesammelt haben, fragen Sie im Plenum: „Spielt Globalisierung auch im Hinblick auf Lebensmittel eine Rolle? Habt ihr schon einmal davon gehört? Kennt ihr vielleicht Beispiele für Lebensmittel, die längere „Reisen" hinter sich haben?" Sollten die Schüler keine Ideen haben, fragen Sie weiter, z.B.: „Bei uns wachsen ja keine Kokosnüsse. Trotzdem kann man sie immer im Supermarkt kaufen. Warum ist das so? Was denkt ihr?" Begrenzen Sie diese Phase der (Re-)Aktivierung bzw. Vorentlastung des Hörverstehens auf maximal 10 Minuten.

1

Weisen Sie kurz auf den Tipp hin. Lassen Sie die Schüler dann in Einzelarbeit die Aufgaben lösen.

2

Lassen Sie die Schüler in Kleingruppen Tipps sammeln. Geben Sie dafür 5 Minuten Zeit. Anschließend trägt jede Kleingruppe den für sie besten Tipp vor. Sammeln Sie diese an der Tafel.

Training Leseverstehen ➤ S. 94–96

Überblick · Inhalte · Arbeitsformen

Im Leseverstehen wiederholen die Schüler die Herangehensweise und die Lösungsstrategien für die Aufgabe LV 4. Die Schüler reaktivieren ihre Kenntnisse zum Aufgabentyp, den Lösungsstrategien, dem Erkennen von Fehlerquellen.

Die Aufgaben zum Leseverstehen …
- erinnern an den Aufgabentyp LV 4 (Aufgabe 1),
- üben das globale Lesen (Aufgabe 2),
- geben eine Checkliste zum Abarbeiten und Lösen der Aufgabe (Aufgabe 3),
- geben Anregungen dafür, selbst eine Aufgabe in diesem Format zu erstellen (Aufgabe 4).

1

Lassen Sie die Schüler selbstständig in Kapitel 4 die Informationen zum Aufgabentyp Leseverstehen 4 nachschlagen und damit die Aufgabe 1 lösen. Kontrollieren Sie anschließend, ob die Schüler die Aufgaben richtig gelöst haben, oder geben Sie die Lösungen an und lassen Sie die Schüler selbst kontrollieren.

2

Weisen Sie die Schüler darauf hin, dass beim überfliegenden Lesen ihr Vorwissen zum Thema hilfreich ist. Mit dem globalen Lesen verschaffen die Schüler sich einen Überblick über den Inhalt des Texts und fassen diesen für den Nachbarn zusammen.

3

Die Checkliste fasst alle eingeübten Techniken und Strategien zusammen. Sprechen Sie diese vor dem Lösen der Aufgabe mit den Schülern durch. Verweisen Sie auch auf den Tipp und die Info.
Nach dem Lösen der Aufgabe besprechen Sie die Ergebnisse mit Ihren Schülern. Falls ein Schüler eine falsche Lösung vorträgt, stellen Sie ihn nicht bloß, sondern danken Sie ihm und schließen Sie eine konstruktive Diskussion an: Warum wurde die Aufgabe falsch gelöst und wie kann man dies ggf. vermeiden? Sammeln Sie evtl. auch die Fehlerquellen und die Strategien zur Vermeidung an der Tafel.

4

In dieser Aufgabe erstellen die Schüler selbst in Kleingruppen Aufgaben des Typs Leseverstehen Teil 4. Die Schüler lesen zunächst den Text. Besprechen Sie dann im Plenum den Tipp und vergewissern Sie sich, dass die Schüler das Vorgehen verstanden haben. Die Schüler arbeiten dann in Kleingruppen; unterstützen Sie die Gruppen ggf. beim Formulieren von Aufgaben.

Sie können Aufgaben aber auch als Hausaufgabe bearbeiten lassen. Besprechen Sie dazu den Tipp im Plenum und vergewissern Sie sich, dass die Schüler das Vorgehen verstanden haben. Sammeln Sie in der nächsten Stunde die erstellten Aufgaben ein und kontrollieren Sie sie. Verteilen Sie gelungene Aufgaben in einer der folgenden Stunden als Kopie und lassen Sie sie in Einzelarbeit lösen.

Training Mündliche Kommunikation ➤ S. 97

Überblick · Inhalte · Arbeitsformen

In diesem Teil werden die Schüler mit dem Kriterium „Inhalt" der mündlichen Prüfung vertraut gemacht. Die Schüler erfahren, wie dieser Aspekt in der Prüfung bewertet wird und können vor diesem Hintergrund ihre eigenen Vorträge bewerten bzw. weiter verbessern.

Die Aufgaben zur mündlichen Kommunikation ...
- aktivieren persönliche Erfahrungen zu „Globalisierung" (Aufgabe 1),
- machen mit den Bewertungskriterien für den Aspekt „Inhalt" bekannt (Aufgabe 2),
- geben Hilfestellung, um einen Vortrag zum Thema „Globalisierung" vorzubereiten und zu halten (Aufgabe 3).

1

Die Schüler sprechen zu zweit oder in Kleingruppen über das Thema.

2

Besprechen Sie im Plenum den Infokasten.

a Die Schüler sortieren zu zweit die Bewertungskriterien. Geben Sie anschließend die Lösung vor und lassen Sie die Schüler vergleichen.

b Die Schüler bearbeiten diese Aufgabe zu zweit. Lassen Sie anschließend Freiwillige kurz vortragen, worin die Unterschiede zwischen B2 und C1 bestehen. Ergänzen Sie ggf., falls Aspekte nicht genannt werden.

3

a – b Jeder Schüler wählt ein Thema aus und macht sich Stichpunkte für seinen Vortrag. Geben Sie für diese Phase maximal 15 Minuten Zeit. Weisen Sie die Schüler darauf hin, dass Sie hier auch schon ihre Stichpunkte überprüfen (Aufgabe 3b) und ggf. ändern / streichen sollen.

c Die Schüler arbeiten in Kleingruppen. Unterstützen Sie die Schüler ggf. auch durch Ihr Feedback.

Training Schriftliche Kommunikation ➤ S. 98–101

Überblick · Inhalte · Arbeitsformen

Dem Training zur Schriftlichen Kommunikation sind Grammatikaufgaben zu Relativsätzen und Partizipialkonstruktionen vorangestellt. Damit wird den Schülern nochmals die Wichtigkeit dieser Strukturen für die schriftliche Arbeit verdeutlicht.

Außerdem bieten die Aufgaben 3–9 eine erste durchgängige schriftliche Produktion an. Wählen Sie einen passenden Termin mit ausreichend Zeit am Stück oder zwei Doppelstunden. Die Schüler sollen auch Zeit für die Auswertung haben. Teile der Auswertung werden von Ihren Schülern in Partnerarbeit vorgenommen, was den Blick der Schüler für das Wesentliche schärft und Ihnen Freiräume für die individuelle Auswertung verschafft.

Die Aufgaben der Schriftlichen Kommunikation ...
- reaktivieren grammatikalisch-syntaktische Strukturen (Aufgaben 1 und 2),
- bieten in einzelnen Schritten einen kompletten Prüfungstestdurchlauf an, der auch evaluiert wird (Aufgaben 3–9).

1 2

Weisen Sie die Schüler darauf hin, dass diese Wiederholung grammatischer Strukturen wichtig für das Verfassen eines eigenen Texts ist. Die Schüler lösen die Aufgaben in Einzelarbeit und vergleichen die Lösungen dann mit dem Nachbarn. Kontrollieren Sie auch, greifen Sie aber nur bei Problemen ein. Geben Sie den Schülern für die Bearbeitung der Aufgaben und den Vergleich der Lösungen 30 Minuten Zeit.

3 – 9

Die Schüler dürfen in dieser Phase alle zur Verfügung stehenden Hilfsmittel benutzen – ermuntern Sie sie ggf. nochmals dazu! Sie können schrittweise vorgehen und die einzelnen Bausteine schreiben, anschließend in PA besprechen und evtl. verbessern lassen, so wie im Buch beschrieben. Alternativ können die Schüler nach einem vorgegebenen Zeitschema schreiben. Notieren Sie die Zeitvorgaben für alle gut sichtbar an die Tafel. Am besten halten Sie nicht nur die Dauer einzelner Teilaufgaben (z. B. 30 Minuten), sondern auch die konkrete Uhrzeit, zu der die Bearbeitung abgeschlossen sein soll (z. B. 12.15 Uhr), etwa nach diesem Muster fest:

Aufgabe	Dauer	Ende um …
3a	2 Minuten	8.02 Uhr
3b	20 – 30 Minuten	… Uhr
3c	5 Minuten	…
4a	5 Minuten	…
4b	5 Minuten	…
4c	5 Minuten	…
5a	15 – 20 Minuten	
5b	5 – 7 Minuten	
6a	10 Minuten	
6b	5 Minuten	
7a	20 – 30 Minuten	
7b	7 Minuten	
8a	5 Minuten	
8b	5 Minuten	
8c	5 Minuten	
9	10 Minuten	

Schüler, die schneller arbeiten, können das Schreiben auch vor der Zeit beenden. Erfahrungsgemäß fordern die Schüler zumeist mehr Zeit. Brechen Sie das Schreiben trotzdem ab (evtl. können die Schüler den Text zu Hause beenden). Diese strenge Zeitvorgabe hilft den Schülern ein Zeitgefühl zu entwickeln, das ihnen in der Prüfung hilft.

Aufgabe 9 soll Ihre Schüler für die eigenen Fehlerquellen sensibilisieren. Schreiben Sie typische Fehlerquellen auf eine Folie. Ergänzen Sie weitere Beispiele und machen Sie bei der Fehleranalyse deutlich, dass Fehler in diesem Zusammenhang positiv sind. Wenn die Schüler die Fehler jetzt machen, können sie sie in Zukunft vermeiden.
Machen Sie nicht öffentlich, von wem die Fehler sind! Sagen Sie den Schülern, dass Sie einige Beispiele aus dieser Klasse und einige andere Beispiele aufgeschrieben haben – dadurch lassen sich Fehler nicht so leicht bestimmten Schülern zuordnen.

Korrigieren Sie anschließend die Texte und machen Sie auch Vorschläge für alternative Formulierungen.

Später (in den Kapiteln 9, 10 und im Modelltest im Testbuch) können die Schüler diese Einteilung nach eigenen Bedürfnissen noch anpassen – je nachdem, was ihnen leichter oder schwerer fällt.

Wenn Sie Ihren Schüler eine Hilfe geben wollen: ➤ Auf Kopiervorlage 4 sind die wichtigsten Textaussagen, Ideen zur Grafikauswertung und zum Zusammenhang zwischen Text und Grafik sowie Vor- und Nachteile aus dem Text aufgelistet.

Überblick

Die Schüler erhalten hier Tipps für die Auswahl von Bildern für ihre Präsentation.

Das Portfolio ...
- hilft bei der Überprüfung, ob das Präsentationsthema bestimmte Kriterien erfüllt (Aufgabe 1),
- unterstützt die Schüler bei der Analyse und Präsentation eines Bildes (Aufgabe 2).

Die Schüler lesen zuerst den Tipp.

1

In Einzelarbeit bearbeiten die Schüler die Checkliste. Sollten Schüler noch kein Thema gefunden haben, bitten Sie sie, sich eines der Themen auszuwählen, die für sie in Frage kommen. (Es muss nicht das endgültige Thema der Präsentation sein, denn mithilfe der Checkliste können die Schüler auch aus mehreren Themen ein passendes finden bzw. andere „aussortieren", die nicht so gut geeignet sind.)

2

a Die Schüler wählen zu Hause ein Bild aus. Sie können Aufgabe 2a auch komplett als Hausaufgabe aufgeben oder alternativ die Fragen auch im Unterricht bearbeiten lassen. Im Unterricht können Sie die Schüler bei Problemen unterstützen.

b In Kleingruppen stellen die Schüler mithilfe ihrer Notizen ihr Bild vor. Die anderen Schüler geben bereits in der Kleingruppe ein Feedback dazu, ob sie ein Bild für geeignet halten. Unterstützen Sie die Gruppen dabei. Ggf. können Sie im Plenum anschließend nochmals wenige besonders geeignete Bilder vorstellen und auch die entsprechende Gruppe zusammenfassen lassen, warum diese Bilder besonders gut geeignet sind.

Zur Selbstevaluation vgl. die Hinweise in den vorangegangenen Kapiteln.

9 Demografischer Wandel

Wortschatztraining Demografischer Wandel ➤ S. 104

Überblick · Inhalte · Arbeitsformen

Ein wichtiges Thema für Deutschland ist der demografische Wandel. Es ist somit ein landeskundlich relevantes Thema und wird die gesellschaftlichen Entwicklungen beeinflussen. Stichworte, die in diesem Zusammenhang immer wieder fallen, sind z.B. Arbeitskräftemangel, Umstellung auf altengerechte Arbeitsplätze, Wohnformen usw. Auch für Jugendliche ist das Thema von Interesse, denn diese Veränderungen und daraus resultierende Probleme gehören zum heutigen und zukünftigen Deutschland dazu.

Die Aufgaben zum Wortschatz …

- regen an, Bildern Adjektive zuzuordnen und die Kenntnisse zur Nominalisierung von Adjektiven zu aktivieren (Aufgabe 1),
- präzisieren den Wortschatz für die Altersstufen (Aufgabe 2a),
- regen zum Systematisieren der Wortschatzarbeit an (Aufgabe 2b).

1

a Die Schüler vergewissern sich zunächst in Einzelarbeit, ob sie die Bedeutung der Adjektive kennen; neue Wörter schlagen sie selbstständig nach. Geben Sie hierfür insgesamt höchstens 5 Minuten Zeit. Lassen Sie dann im Plenum diskutieren, welche Adjektive zu welchem Bild bzw. zu welcher Person passen. Einige Adjektive kann man mehreren Bildern zuordnen (vgl. Lösungen, S. 85). Diskutieren Sie bei dieser Aufgabe auch über Klischees. Hinterfragen Sie ab und zu die Zuordnungen der Schüler und Schülerinnen. Fragen Sie auch: Welche Wörter passen zu gar keinem Bild? Die Schüler antworten evtl., dass „gebrechlich" zu keiner Person passt. Fragen Sie dann zurück: Wie sieht eine gebrechliche Person aus? Was für ein Bild könnte dazu passen?

> **Tipp**
>
> Wenn es den Schülern schwerfällt, sich passende Bilder auszudenken, geben Sie ihnen die Aufgabe, bis zur nächsten Stunde ein Bild zu suchen, das z.B. eine gebrechliche Person zeigt. Mithilfe dieses Bildes können Sie in der folgenden Stunde auch weiteren Wortschatz zum Thema einführen oder aktivieren – je nachdem, was auf dem Bild zu sehen ist, z.B. „Rollator", „Treppenlift", „Pfleger", „nicht mehr selbstständig" usw.

b Die Schüler lösen diese Aufgabe in Einzelarbeit.

2

a Die Schüler lösen diese Aufgabe mithilfe ihres Wörterbuchs und vergleichen die Lösungen mit den Nachbarn.

b Bereiten Sie für die Gruppenarbeit bei z.B. 16 Schülern je 4 x 4 Kärtchen in unterschiedlichen Farben vor und nummerieren Sie die Kärtchen jeweils mit den Zahlen 1–4. Teilen Sie die Kärtchen aus. Zunächst arbeiten die Mitglieder einer Farbgruppe miteinander und notieren Begriffe. Anschließend bilden sich Zahlengruppen (alle Schüler mit der Nummer 1, alle mit der 2 usw.) und in jeder Gruppe erklärt der Schüler, der an diesem Plakat mitgearbeitet hat, „seine" Begriffe den anderen, neuen Gruppenmitgliedern.

Wenn Sie keine Gelegenheit haben, farbige Kärtchen vorzubereiten, können Sie auch einfach so vorgehen: Bilden Sie zunächst nach einem beliebigen Prinzip vier Gruppen, z.B. zufällig (bei 20 Schülern z.B. jeweils 5 Schüler, die nebeneinander sitzen). Jede der vier Gruppen bearbeitet ein Plakat und notiert Begriffe. Zählen Sie dann in jeder Gruppe die Schüler von 1 bis 4 ab – die Schüler müssen sich „ihre" Zahl natürlich merken. Bei 5 Schülern z.B. „1, 2, 3, 4, 1". Wichtig: Da Sie anschließend 4 Gruppen haben (passend zu vier Plakaten), dürfen Sie nur bis 4 abzählen! Variieren Sie die letzte Zahl in größeren Gruppen, nehmen Sie nicht immer die 1 für den letzten Schüler (sonst wird die Gruppe mit der „1" zu groß.) Dann setzen sich wieder alle Schüler mit der „1" zu Plakat A, alle mit der „2" zu Plakat B usw. und in jeder Gruppe erklärt der Schüler, der an diesem Plakat mitgearbeitet hat, „seine" Begriffe den anderen, neuen Gruppenmitgliedern.

Training Leseverstehen
➤ S. 105–106

Überblick · Inhalte · Arbeitsformen

Es wird nun eine Zeit vorgegeben, innerhalb derer man die Aufgabe lösen soll. Darüber hinaus wird die Aufmerksamkeit nochmals auf mögliche Fehlerquellen gerichtet und auf Strategien zur Vermeidung von Fehlern.

Die Aufgaben zum Leseverstehen …
- wenden die erworbenen Kenntnisse für die LV 1 Aufgabe an (Aufgabe 1),
- wenden die erworbenen Kenntnisse für die LV 2 Aufgabe an (Aufgabe 2).

1 **2**

Weisen Sie Ihre Schüler ggf. nochmals darauf hin, dass sie während des Lesens Notizen am Rand machen sollten. Dies können auch die Nummern der Aufgaben sein, die die Schüler einer bestimmten Textstelle zuordnen. Damit finden die Schüler in der anschließenden Diskussion die Textstellen schneller wieder. Die Schüler lösen die Aufgabe dann in Einzelarbeit. Achten Sie darauf, dass die Zeitvorgabe eingehalten wird. Vergleichen Sie die Lösungen im Plenum. Lassen Sie die richtigen Ergebnisse von den Schülern auch begründen. Sollten beim Lösen Probleme aufgetreten sein, fragen Sie die Schüler nach den Fehlerquellen. Wenn die Schüler zögern, machen Sie Vorschläge (Konzentration, Wortschatz, falsche Stelle zur Lösung herangezogen, etwas übersehen usw.). Verdeutlichen Sie den Schülern, dass man auch aus Fehlern lernt und sie diesen Prozess ernst nehmen sollten. Fehler, die die Schüler jetzt machen, machen sie oft nicht mehr in der Prüfung. Ein Antwortblatt zum LV finden Sie digital (siehe Seite 1).

Training Schriftliche Kommunikation: Textwiedergabe und Textzusammenhänge
➤ S. 107–108

Überblick · Inhalte · Arbeitsformen

In diesem Teil werden grammatische Strukturen (Konjunktiv I und kohäsionsstiftende Elemente) wiederholt.

Die Aufgaben zur Schriftlichen Kommunikation …
- aktivieren die Kenntnisse zum Konjunktiv I und üben diesen nochmals (Aufgabe 1),
- trainieren erneut kohäsionsstiftende Elemente (Aufgabe 2).

1

a Lassen Sie die Sätze vorlesen und fragen Sie im Plenum nach dem Unterschied zwischen beiden Sätzen. Fragen Sie ggf. nach Details: Gibt es Unterschiede im Satzbau? Welche und warum? Wie ist die Zeichensetzung im ersten und zweiten Satz? Warum? Wie sind die Verben in beiden Sätzen konjugiert? Der Tipp fasst die wichtigsten Unterschiede zusammen.

b Die Schüler lösen die Aufgabe in Einzelarbeit. Vergleichen Sie anschließend im Plenum.

c – d Die Schüler lösen die Aufgaben in Einzelarbeit und vergleichen mit dem Nachbarn.

2

Erinnern Sie Ihre Schüler an die Leseverstehens-Texte aus Kapitel 3. (Sie haben vielleicht auch den Zusatztext mit dem Mond benutzt; LHB, Seite 22.) Teilen Sie die Schüler in Gruppen mit je drei Personen. Jeder Schüler einer Gruppe beschäftigt sich mit einem Text und setzt ein Wort aus der Klammer in die Lücke ein. Vergleichen Sie anschließend im Plenum oder lassen Sie nur berichten, ob und an welcher Stelle es evtl. Probleme gegeben hat.

Alternativ können Sie in der zweiten Phase (Vergleich der Lösungen) auch neue Gruppen bilden: Die Schüler, die Text A bearbeitet haben, diejenigen, die Text B bearbeitet haben und eine dritte Gruppe mit den Schülern, die Text C bearbeitet haben. Der Vergleich der Lösungen findet dann in den Gruppen statt. Sammeln Sie ggf. in jeder Gruppe Probleme und besprechen Sie diese anschließend kurz im Plenum.

Training Schriftliche Kommunikation: Das Schreiben vorbereiten und den Text korrigieren ➤ S. 109–110

Überblick · Inhalte · Arbeitsformen

In diesem Teil wird ein Aspekt aus der deutschen Hochschullandschaft zur Diskussion aufgegriffen. Der Schwerpunkt der Übungen liegt darauf, Text und Grafik für den anschließenden Schreibprozess vorzubereiten.

Die Anwendungsaufgabe zur SK …
- regt an, darüber nachzudenken, wie eine optimale Vorbereitung aussehen könnte (Aufgabe 1),
- gibt Tipps für die eigene Korrektur (Aufgabe 2),
- bietet eine weitere Schreibaufgabe an (Aufgabe 3b) und fordert nach dem Schreiben zur persönlichen Evaluation der schriftlichen Arbeit auf (Aufgabe 3c).

Tipp

Halten Sie für die Bearbeitung dieser Aufgaben auch Beispiele aus vergangenen Prüfungen bereit (sowohl gute als auch schlechte).

Wiederholen Sie mit den Schülern evtl. zuerst, wie man Informationen in einem Text zur Vorbereitung einer schriftlichen Analyse kennzeichnen kann.

Besprechen Sie zusammen, wie die Schüler sich der schriftlichen Aufgabe nähern. Die Impulsaussagen sollen dafür eine Anregung sein. Betonen Sie den Trainingscharakter, d.h. machen Sie den Schülern klar, dass sie ausprobieren können, wie es bei ihnen am besten funktioniert. Wenn Ihre Schüler schon vorher eine komplette SK-Aufgabe bearbeitet haben (z.B. in Kapitel 8), können sie vielleicht schon danach sagen, mit welcher Herangehensweise sie erfolgreicher sind. Diese „Probeprüfungen" dienen auch dazu, eine Strategie zu finden, wie man am effektivsten arbeitet.

2

Besprechen Sie schon vor dem Schreiben den formalen Aspekt einer Korrektur. Die Schüler sollten wissen, wie sie evtl. Fehler so korrigieren, dass ein Leser (der Bewerter) des Textes trotz Korrekturen alles „flüssig" lesen kann. Lesefluss ist eine Kategorie der Bewertung, der durch unsaubere, unkenntliche Korrekturen gestört werden kann. Das kann Konsequenzen haben, d.h. Punktabzug bedeuten.

Die Schüler lesen den Tipp. Besprechen Sie die Beispiele für Korrekturen im Plenum. Sie sollten die Schüler zudem zu einer sauberen Handschrift auffordern.

3

Falls Ihre Schüler hier noch sehr unsicher sind, können Sie Kopiervorlage 4 austeilen, hier sind die wichtigsten Textaussagen, Ideen zur Grafikauswertung, zum Zusammenhang zwischen Text und Grafik sowie Vor- und Nachteile aus dem Text aufgelistet.

Geben Sie den Schülern maximal 120 Minuten Zeit für das Schreiben und Korrigieren ihres Textes. Die Korrektur und Bewertung (3c) können Sie auch als Hausaufgabe geben, so überarbeiten die Schüler ihren

Text auch nochmal selbst, bevor dieser dann in der nächsten Stunde von einem Mitschüler und am Ende von Ihnen korrigiert wird.

Tipp

Das richtige „Timing" ist für viele Schüler schwierig. Besprechen Sie gemeinsam mit den Schülern, wo diese im Schreibprozess vielleicht Zeit „sparen" könnten, z.B.: weniger Wörterbucharbeit, vor allen beim Nachschauen von Wörtern von der Muttersprache ins Deutsche, gute Vorbereitung des Schreibprozesses. Sammeln Sie mit Ihrer Klasse weitere Möglichkeiten.

Training Hörverstehen ➤ S. 111–112

Überblick · Inhalte · Arbeitsformen

Die Aufgaben im Teil Training Hörverstehen sind als Wiederholung des Hörverstehens 3 angelegt.

Die Aufgaben zum Hörverstehen …
- wiederholen und festigen die Struktur der Prüfungsaufgaben zum HV 3 (Aufgabe 1),
- üben die Wörter mithilfe des Kontexts zu erschließen und zu erklären (Aufgabe 2),
- trainieren das Hörverstehen 3 (Aufgabe 3).

1

In dieser Aufgabe überprüfen die Schüler ihr Wissen über Prüfungstext und Prüfungsaufgaben zu HV 3, indem sie kurze Fragen beantworten. Lassen Sie dann die Schüler ihre Ergebnisse vergleichen. Weisen Sie auch noch einmal darauf hin, dass das Wissen darüber, was einen in der Prüfung erwartet, einen halben Erfolg garantiert.

2

a – b Da die Schüler ihre Prüfungsaufgaben zum HV ohne Wörterbücher lösen müssen, ist es von großer Bedeutung, jede Gelegenheit zu nutzen, um die Wörter mithilfe des Kontexts erklären zu üben. Wichtig wäre auch, danach die Ergebnisse in der Klasse zu vergleichen, wobei die Schüler viele unterschiedliche Formulierungen lernen können und noch einmal reflektieren, dass man ein Wort bzw. einen Begriff mit verschiedenen sprachlichen Mitteln ausdrücken kann. Empfehlenswert wäre auch im Wörterbuch nachzuschlagen und die Erklärungen damit zu vergleichen.

3

Nach dem zweiten Hören kontrollieren Sie die Lösungen ihrer Schüler und klären eventuelle Zweifel.

Training Mündliche Kommunikation ➤ S. 113

Überblick · Inhalte · Arbeitsformen

Dieser Teil sensibilisiert für ein weiteres wichtiges Kriterium der mündlichen Prüfung.

Die Ziele dieses Kapitels sind, …
- sich klarzumachen, was „Verfügbarkeit sprachlicher Mittel" bedeutet (Aufgaben 1a und 1b),
- für unterschiedliche Sprachniveaus zu sensibilisieren (Aufgabe 1c),
- selbst Aussagen bewerten können (Aufgabe 1d, e).

1

a – b Vor der Diskussion im Plenum sollten sich die Schüler Aufgabe 1a und b durchlesen sowie 1b ausfüllen.

c Vergewissern Sie sich zunächst, dass allen Schülern alle Begriffe in dem Schüttelkasten bekannt sind. Lassen Sie die Schüler jeweils Beispiele nennen.

d Lassen Sie den ersten Teil (Bewertung der Aussagen) in Partnerarbeit durchführen. Diskutieren Sie danach mit den Schülern im Plenum, wie sie bewertet haben und welche sprachlichen Mittel sie finden. Heben Sie gute Formulierungen hervor und versuchen Sie die wenig gelungenen zu verbessern.

e Wenn die Schüler ihre Aussagen zum Thema „Jugend heute" vorbereiten, achten Sie darauf, dass sie nicht in ganzen Sätzen schreiben, sondern nur Stichpunkte notieren. Geben Sie den Schülern ggf. eins der folgenden Beispiele vor, das Sie in eigenen Worten formulieren, um den Unterschied zwischen „Stichpunkt" und „Vortrag" klarzumachen:

- mehr Freiheiten (Führerschein, Reisen, Bildung, …)
  Erläutern Sie mündlich: „Meiner Meinung nach hat die heutige Jugend viel mehr Freiheiten, als dies Jugendliche früher hatten. Beispielsweise können Jugendliche hier selbst entscheiden, welchen Beruf sie ergreifen wollen. …"

Falls die Schüler ihre Aussagen in der Schule vorbereiten, achten Sie außerdem genau auf die Zeit. Die Schüler sollen lernen, wie viel sie in 5 Minuten machen können, wie schnell sie ihre Gedanken unter Zeitdruck sammeln und sich auf ein Thema konzentrieren können.

Bei der Bewertung der Aussage sollen die Schüler sich keine Punkte oder „+" bzw. „–" geben, sondern die sprachlichen Mittel an Beispielen nennen.
(➤ Kopiervorlage 5)

Portfolio 9: Grafiken und Diagramme erstellen und besprechen ➤ S. 114

Diagrammtypen

Nicht jeder Schüler wird bei seinem Projekt ein Diagramm oder eine Statistik vorstellen wollen. Der Vergleich zu Deutschland muss sich auch nicht unbedingt sich in Zahlen ausdrücken. Benötigt ein Schüler jedoch ein Diagramm für sein Projekt, so sollte er den Diagrammtyp auswählen, der am geeignetsten ist. Daher lernen die Schüler hier verschiedene Diagrammtypen kennen.

Die Schüler sollen dessen bewusst sein, damit sie bei der Bearbeitung des Themas sich nicht gezwungen fühlen, unbedingt nach quantitativen Vergleichen zu suchen.
In manchen Ländern gehört das Thema *Grafiken und Diagramme erstellen* in den Mathematikunterricht, und die erste Aufgabe ist dann eher eine kleine Erinnerung an das Ziel verschiedener Diagramm-Formen. Wenn die Schüler sich schon für ein Diagramm entscheiden, sollen sie am besten bei ihren Mathematiklehrern Rat einholen.

Ein Diagramm beschreiben

Diagramme zu versprachlichen, fällt Schülern häufig schwer. Nicht zuletzt wird es auch selten gemacht. Durch Übung können die Schüler jedoch Sicherheit gewinnen. Das Spiel in einer Gruppe hilft den Schülern, sich die Wendungen besser einzuprägen. Wenn Sie wenig Zeit haben, lassen Sie die letzte Übung in Kleingruppen durchführen. (Weitere Tipps zu den Diagrammen finden Sie in Kapitel 3, ab S. 23 im LHB.)

> **Tipp**
>
> Grafiken und Diagramme sind keine Pflicht in der Präsentation – aber sie helfen oft dabei, einen Aspekt zu veranschaulichen. Es ist daher in jedem Fall hilfreich, wenn die Schüler dies üben.

Selbstevaluation ➤ S. 115

Zur Selbstevaluation vgl. die Hinweise in vorangegangenen Kapiteln.

10 Regionen, Sprachen und Dialekte

Wortschatztraining Regionen, Sprachen und Dialekte ➤ S. 116

Überblick · Inhalte · Arbeitsformen

In diesem Kapitel wird eine kleine Region innerhalb Deutschlands genauer vorgestellt. Dazu benötigt man eher ungewöhnlichen – gleichwohl präziseren – Wortschatz, den wir anbieten. Gleichzeitig erfahren die Schüler wieder, dass viele Themen miteinander verbunden sind wie beispielsweise Umweltschutz aus Kapitel 2 oder Ferien / Freizeit aus Kapitel 6 – beides wird hier in anderen Zusammenhängen wieder aufgegriffen.

Die Aufgaben zum Wortschatz regen an, …
- Wörter ohne Wörterbuch zu erschließen und dabei auch auf Bilder zurückzugreifen (Aufgabe 1),
- sich speziellen Wortschatz zu erarbeiten (Aufgabe 1d).

1

a Die Schüler erschließen sich in Partnerarbeit neuen Wortschatz. Geben Sie ggf. Tipps: Die Schüler können die Wörter analysieren und z.B. die Endungen weglassen, die Wörter trennen usw., um die Bedeutung zu erschließen. Weisen Sie auch schon auf die Bilder hin – selbst wenn die Schüler hierzu nur Vermutungen äußern können.

b – c Die Schüler lösen die Aufgaben in Partnerarbeit.

Tipp

Es bietet sich an, eine ähnliche Aufgabe als Hausaufgabe vorbereiten zu lassen: Die Schüler stellen zu Hause Wortschatz und Definitionen zu ihrem Spezialthema zusammen und bringen diese Sammlung in der nächsten Stunde mit (Wortschatz und Definitionen sind dabei separat notiert, sodass andere es nicht sofort zuordnen können). Bilden Sie in der Klasse Paare; die Paare tauschen jeweils ihren Wortschatz und die Definitionen mit einem anderen Paar und bearbeitet die Aufgabe wie 1b.

Training Leseverstehen ➤ S. 117–119

Überblick · Inhalte · Arbeitsformen

Mit den zwei Lesetexten werden zum einen wiederum das Leseverstehen bzw. bestimmte Lesetechniken trainiert, zum anderen bietet sich hierzu auch eine inhaltliche Auseinandersetzung an (➤ S. 62 LHB, Tipp).

Die Aufgaben zum Leseverstehen …
- wiederholen und trainieren die Techniken für LV 3 und 4 (Aufgaben 1 und 2).

1 2

Die Schüler lösen die Aufgaben in Einzelarbeit in der vorgegebenen Zeit (ca. 20 Minuten für Aufgabe 1 und ca. 30 Minuten für die Aufgaben 2a und 2b). Aufgabe 2a dient der Wiederholung des Aufgabentyps. Sie finden das Antwortblatt zum Leseverstehen digital (siehe Seite 1).

Tipp

Eine Weiterarbeit mit den Texten ist in vielfältiger Weise möglich: So zum Beispiel könnten Sie eine Internetrecherche zu den künstlichen Seenlandschaften anregen und dazu z.B. auch Pro und Contra diskutieren lassen. Vielleicht gibt es sogar vergleichbare Projekte in Ihrem Heimatland, über die die Jugendlichen diskutieren können. Des Weiteren bietet sich an, sich im Literaturunterricht mit Sagen allgemein und speziell auch mit der Sage um Krabat zu beschäftigen. Eine schöne Hausaufgabe ist: Schauen Sie sich den Film an.

Das besondere Plus: „Märchenstunde"

Lassen Sie die Schüler Märchen oder Sagen erzählen und die anderen Schüler in der Gruppe müssen das Märchen, die Sage erraten. Es können auch Märchen oder Sagen aus der Region sein, wenn es sie gibt. Falls Ihre Schüler nicht so viele Märchen bzw. Sagen kennen, geben Sie dies als Hausaufgabe: Sucht euch ein Märchen bzw. eine Sage heraus, die euch interessiert und bereitet sie so vor, dass ihr den Inhalt mündlich wiedergeben könnt. In der folgenden Stunde schließt sich dann das Ratespiel an.

Training Hörverstehen ➤ S. 120

Überblick · Inhalte · Arbeitsformen

Im Mittelpunkt des Abschnitts stehen Dialekte. Zudem wird nochmals der Aufgabentyp HV 3 trainiert.

Die Aufgaben ...
- regen zum Austausch über Dialekte in Deutschland an (Aufgabe 1a),
- aktivieren den Wortschatz zum Thema (Aufgabe 1b),
- trainieren den Aufgabentyp HV 3 (Aufgabe 2).

1

a Diskutieren Sie im Plenum. Alternativ können Sie auch in Kleingruppen diskutieren lassen. Im Anschluss zeigt jede Gruppe auf einer Deutschlandkarte, wo die Dialekte ihrer Meinung nach gesprochen werden.

b Die Schüler lösen die Aufgabe in Einzelarbeit und vergleichen dann mit dem Nachbarn. Bei Problemen klären Sie einzelne Punkte im Plenum.

2

a Die Schüler lösen die Aufgabe in Einzelarbeit.

Das besondere Plus

Zum Thema „Dialekte" können Sie mit den Schülern auch Lieder von Musikern / Bands hören, die in ihrem Dialekt singen. Teilweise finden Sie auch im Internet Material, das Sie vorspielen können.
Bekannte Dialektmusiker waren / sind (in Klammern steht der Dialekt): BAP (Kölsch), Ina Müller (Plattdeutsch), Herbert Grönemeyer (Ruhrdeutsch), Rainhard Fendrich (Wienerisch), La Brass Banda (Bairisch).
Sie können die Schüler auch jeweils in Kleingruppen ein „Dialektlied" zuhause vorbereiten lassen. Bilden Sie dazu im Unterricht Kleingruppen. Jede Kleingruppe wählt einen anderen Dialekt, z.B. Kölsch, Bairisch, Schwäbisch, Wienerisch, Ruhrdeutsch, ... Geben Sie den Gruppen folgende Aufgaben:
Sucht ein Lied heraus, das in dem jeweiligen Dialekt gesungen wird. Bereitet Folgendes vor: Worum geht es in dem Lied? Was macht den Dialekt aus? Ist die Aussprache anders? Gibt es auch andere Wörter? Notiert, wenn möglich, „Dialektwörter". Was bedeuten die Wörter auf Hochdeutsch? Spielt im Unterricht nach Möglichkeit „euer" Lied vor, fasst den Inhalt zusammen und erklärt die Besonderheiten des Dialekts.

Überblick · Inhalte · Arbeitsformen

Die Schüler aktivieren Wortschatz aus vorangegangenen Kapiteln. Die Schüler sollen eine schriftliche Arbeit beurteilen und selbst schreiben.

In diesem Teil …
- wird eine Aufgabe zur Schriftlichen Kommunikation vorgestellt (Aufgabe 1),
- werden bereits bekannte Beurteilungsmaßstäbe angewendet (Aufgabe 2),
- wird nochmals die Vorbereitungsphase des Schreibens trainiert (Aufgabe 3),
- soll ein Prozess der Selbstreflektion ausgelöst werden hinsichtlich Aufgabenstellung und Fehlerkorrektur (Aufgabe 4 und 5).

1

Die Schüler müssen Text und Grafik in Aufgabe 1 lesen, um den Text des Schülers in Aufgabe 2 beurteilen zu können.

Alternativ bearbeiten die Schüler zuerst Aufgabe 1 sowie 3 – 5 und schließen dann erst die Bewertung des Schülertextes (Aufgabe 2) nach den vorgeschlagenen Kriterien an.

2

Im Folgenden geht es darum, einen vorliegenden Schülertext zu beurteilen. Dafür teilen Sie die Schüler in drei Gruppen. Jede Gruppe liest den Text komplett, aber unter den Gesichtspunkten, die für die jeweilige Gruppe angeführt sind. Der Punkt „Wie ist die Sprache des Texts (…)?" gilt aber für alle Gruppen. Jede Gruppe präsentiert ihre Ergebnisse im Plenum.
Sammeln Sie an der Tafel bzw. auf einer Folie in der linken Spalte die Kritikpunkte der einzelnen Gruppen. Lassen Sie die Schüler dann auch konkrete Verbesserungsvorschläge nennen, notieren Sie diese in der rechten Spalte. Begrenzen Sie diese Phase auf ca. 10 Minuten, sonst würden Sie zu viel vorwegnehmen, die Schüler sollen ja selbst noch schreiben!

3 – 5

Die Schüler bereiten den Schreibprozess vor, schreiben ihre eigene Erörterung und korrigieren im abschließenden Lesen ihren Text so, wie sie es in den Lektionen vorher gelernt haben. Geben Sie nur die Zeit vor: 120 Minuten.
Auf ➤ Kopiervorlage 4 sind wieder die wichtigsten Aussagen von Text und Grafik zusammengefasst.

6

Die Schüler analysieren in Kleingruppen ihre Texte und überarbeiten sie nochmals. Sammeln Sie die Texte zur Bewertung am Ende ein. Sie können sich bei Ihrer Korrektur auf die Kriterien Lesefluss, Gedankengang, inhaltliche Vollständigkeit des Textes und der Grafik, Argumentation, Wortschatz, syntaktische Mittel und Korrektheit konzentrieren. Geben Sie Tipps wie vorgeschlagen.

Tipp

Notieren Sie für jeden Schüler unter seiner Arbeit, was bereits gelungen ist, aber auch, woran er noch arbeiten muss, z.B. in Form einer kleinen Liste:

Das kannst du gut:
- …
- …

Daran musst du noch arbeiten:
- …
- …

7

Die Schüler stellen in Kleingruppen die wichtigsten Tipps für den Prüfungsteil Schriftliche Kommunikation zusammen. Die Abbildungen 1 bis 3 zeigen Beispiele – ermuntern Sie Ihre Schüler dazu, die Poster so zu gestalten, wie sie selbst es für sinnvoll halten: Beispielsweise können die Schüler ein Poster mit besonders gelungenen Überleitungen erstellen und eines nur mit guten Schlusssätzen. Lassen Sie dann zunächst die Schüler gegenseitig ihre Poster auf Fehler überprüfen, ehe Sie abschließend nochmals kontrollieren und ggf. korrigieren. Hängen Sie erst dann die Poster in der Klasse auf.

Training Mündliche Kommunikation　　　　　　　　　　　　　▶ S. 125

Überblick · Inhalte · Arbeitsformen

Die Projektmappe sollte abgeschlossen sein, wenn die Schüler diesen Aufgabenteil bearbeiten. Hier erhalten die Schüler Tipps dafür, wie sie nun weiter vorgehen können, um sich auf die Präsentation vorzubereiten.

Die Aufgaben …
- helfen dabei zu prüfen, ob die Projektmappe vollständig ist (Aufgabe 1),
- regen das Gespräch über das Projekt an und üben so auch eine erste Präsentation (Aufgabe 2a),
- helfen, Feedback zur eigenen Projektmappe zu sammeln und für die Vorbereitung der Präsentation zu nutzen (Aufgabe 2b).

1

a Die Schüler bearbeiten diese Aufgabe in Einzelarbeit.

b Die Schüler sprechen mit den Nachbarn oder im Plenum darüber, was sie außerdem gemacht haben (aber nicht auf der Checkliste steht).

2

a – b Weisen Sie die Schüler darauf hin, dass Aufgabe 2a und 2b zusammengehören und gleichzeitig bearbeitet werden. Die Schüler gehen dann wie in der Arbeitsanweisung beschrieben vor. Beteiligen Sie sich evtl. auch an den Gesprächen.

Portfolio: Arbeit mit Quellen　　　　　　　　　　　　　　　▶ S. 126

Überblick

Das Portfolio unterstützt die Schüler dabei, eine Quellenliste für ihr Projekt anzulegen.

Die Aufgaben …
- machen mit wichtigen Aspekten und Bestandteilen von Quellenangaben bekannt (Aufgabe 1),
- üben das Anlegen einer Quellenliste (Aufgabe 2).

Die Schüler bearbeiten die Aufgaben eigenständig. Das Portfolio ist auch gut als Hausaufgabe geeignet.

Besprechen Sie Beispiele für Quellenangaben im Unterricht. Weisen Sie auch darauf hin, welchen Zweck die Quellenangaben u.a. erfüllen (sollen): zu dokumentieren, was die Grundlagen der Arbeit sind / waren, aber auch sicherzustellen, dass andere die herangezogenen Quellen schnell und eindeutig auffinden können. Dafür ist es u.a. wichtig, die Quellenangaben alphabetisch zu sortieren.
Besprechen Sie bei Bedarf auch Quellenangaben, die von dem Schema, das Sie im ÜB finden, abweichen. Das ist der Fall, wenn z.B. ein Buch mehrere Autoren hat. Zeigen Sie dann, dass die Autoren nach demselben Schema (erst Nachname, dann Vorname) genannt werden, zwischen den einzelnen Namen aber noch eine Abgrenzung z.B. durch Schrägstrich erfolgen muss. Die Reihenfolge der Namen sollte so übernommen werden, wie sie im Buch zu finden ist.

Selbstevaluation　　　　　　　　　　　　　　　　　　　　　▶ S. 127

Vgl. die Hinweise in vorangegangenen Kapiteln.

Fragen zum Einstieg

Beantworten Sie zunächst alleine die folgenden Fragen. Machen Sie Notizen. Wenn der Platz nicht reicht, schreiben Sie ggf. im Heft weiter.

1. Was können Sie machen, wenn Sie die DSD II-Prüfung mit C1-Niveau bestehen?

   _____

2. Wie viele Prüfungsteile hat die DSD II-Prüfung?

   _____

3. Was ist im Übungsbuch besonders wichtig? Nennen Sie 4 Aspekte.

   _____

4. Was wird gezielt aufgebaut mithilfe des Übungsbuches?

   _____

5. Wodurch wird die Entwicklung der Schreibkompetenz gefördert?

   _____

6. Was zeigt Ihnen Seite 7?

   _____

7. Womit beschäftigen sich die Portfolioseiten und wobei unterstützen sie Sie?

   _____

8. Was heißt „evaluieren"?

   _____

9. Welche Wirkung hat die Wiederholung? Nennen Sie 2 Aspekte.

   _____

10. Was wünscht man Ihnen zum Schluss?

    _____

Vergleichen Sie Ihre Antworten mit den Antworten Ihrer Nachbarin / Ihres Nachbarn.

Überlegen Sie, wie Sie die Antworten gefunden haben. Woran haben Sie sich orientiert? Sprechen Sie mit Ihrer Nachbarin / Ihrem Nachbarn darüber.

So geht's zum DSD II (B2/C1) Neue Ausgabe
ISBN 978-3-12-675987-8
Alles Digitale auf **allango.net**

Kreuzworträtsel

Welches Wort oder Synonym ist gemeint? Der richtige Begriff muss in das Gitter eingetragen werden. Die Buchstaben in den Kreisen ergeben in der richtigen Reihenfolge das Lösungswort.

1. etwas anstoßen, etwas in Gang bringen (z.B. eine Diskussion)
2. Das sagt man, wenn man mit den Gläsern auf etwas anstößt.
3. Ausruf, wenn man jemanden auf eine Gefahr aufmerksam machen möchte
4. Wenn man viel weiß, hat man ein großes …
5. benutzt man z.B. beim Wandern zur Orientierung
6. immer unterwegs sein, beweglich / flexibel sein
7. Auf ihm kann man Lasten tragen (siehe auch Bild 1, Seite 80 im ÜB).
8. anderes Wort für „Platz"
9. Über diese „Brücke" kann man nicht gehen.
10. In ihm kann man auf Reisen Sachen verstauen (siehe auch Bild 1, Seite 80 im ÜB).

Lösungswort: ____ ____ ____ ____ ____ ____ ____ ____ ____

Lösungen: 1. initiieren, 2. Prost, 3. Achtung, 4. Wissen, 5. Karte, 6. mobil, 7. Rücken, 8. Ort, 9. Eselsbrücke, 10. Rucksack
Lösungswort: Toastbrot (Bezug: Bild 2 auf S. 80 im ÜB)

So geht's zum DSD II (B2/C1) Neue Ausgabe
ISBN 978-3-12-675987-8
Alles Digitale auf allango.net

Klett

Zusätzliches Wortschatztraining: „Verwechsle mich nicht"

1 Kombinieren Sie die folgenden Verben mit Präfixen (= Vorsilben) – welche Kombinationen sind möglich? Wie ändert sich die Bedeutung durch die Vorsilbe? Vergleichen Sie **anschließend** mit den Lösungsvorschlägen ganz unten.

schreiben: _____

lesen: _____

lassen: _____

hören: _____

machen: _____

2 Welches Verb gehört jeweils in die Lücke? Lösen Sie die Aufgaben zuerst allein und vergleichen Sie dann mit dem Nachbarn.

anhören, zuhören, mithören

1. Ich habe zufällig das Gespräch _____.

2. Das Kind _____ dem Erzähler _____.

3. Versprochen, ich _____ mir das neue Lied _____.

nachlesen, vorlesen, ablesen

1. Der Vater _____ seinem Kind am Abend eine Geschichte _____.

2. Ich erinnere mich nicht genau. Ich muss den Abschnitt wohl noch mal _____.

3. Ich _____ den Energieverbrauch von dem Stromzähler _____.

ablassen, nachlassen, anlassen

1. Ich _____ die Sachen gleich _____. Wir gehen ja eh gleich wieder los.

2. Du darfst nicht in deinen Anstrengungen _____.

3. Was ist mit dem Wasser in der Badewanne? Kann ich es _____?

zuhören, abhören, aufhören

1. Die DDR-Staatssicherheit hat Telefongespräche von Dissidenten _____.

2. Du sollst mit der Arbeit _____. Es gibt Essen.

3. Die Schüler sollten ihrem Lehrer ab und zu _____.

mitmachen, nachmachen, losmachen (bei Letztem ist die umgangssprachliche Bedeutung gemeint)

1. Wir müssen jetzt _____, sonst kommen wir zu spät.

2. Ich _____ beim Theaterspiel an der Schule _____.

3. Du sollst mich nicht immer _____. Das ist beleidigend!

3 Arbeiten Sie zu zweit und erstellen Sie nun selbst kleine Aufgaben mit den Verben, die Sie oben gefunden haben. Tauschen Sie die Aufgaben dann entweder mit anderen Schülern oder schreiben Sie sie auf ein Plakat, das in der Klasse aufgehängt wird.

Mögliche Lösungen zu Aufgabe 1: anschreiben, abschreiben, umschreiben, vorschreiben, zuschreiben, nachlesen, vorlesen, ablesen, ablassen, nachlassen, anlassen, zulassen, zuhören, abhören, aufhören, überhören, mithören, mitmachen, nachmachen, losmachen

So geht's zum DSD II (B2/C1) Neue Ausgabe
ISBN 978-3-12-675987-8
Alles Digitale auf allango.net

© Ernst Klett Sprachen GmbH, Stuttgart 2015 | www.klett-sprachen.de | Alle Rechte vorbehalten. Die Nutzung der Inhalte für Text- und Data-Mining ist ausdrücklich vorbehalten und daher untersagt. Von dieser Druckvorlage ist die Vervielfältigung für den eigenen Unterrichtsgebrauch gestattet. Die Kopiergebühren sind abgegolten.

Kapitel 8 Thema: Sport und Globalisierung

Aussagen des Textes: 1. Abschnitt internationale Sportgroßveranstaltungen (mit Beispielen) aktivieren Zuschauer rund um den Globus / 2. Abschnitt: modere Verkehrsmittel machen Globalisierung möglich (Beispiel reisende Sportler) / 3. Abschnitt: Globalisierung auch über untypische Sportarten für bestimmte Länder mit Beispiel 1 / 4. Abschnitt: Globalisierung und Sport (nur) möglich mit viel Geld¬ und Technik / 5. Abschnitt: negative Auswirkungen bzw. Folgen

Grafikauswertung: beide Grafiken zeigen steigende Tendenz, kontinuierliche Zunahme, zwischen 64 und 96 besonders stark gestiegen, Anteile habe sich verdoppelt, nach 96 keine weitere Steigerung mehr, alles bleibt auf diesem Niveau stehen, Schluss: Höhepunkt 2012 erreicht, Olympia als Bsp. für Globalisierung: fast alle Länder sind dabei

Zusammenhang Text / Grafik: Olympia im Text und Grafik, alle Länder können Sportler zu allen Sportarten schicken (s. Bsp. Wintersport und Jamaika, Saudi Arabien)

Vorteile / Nachteile: im Text genannt sind „Welt fühlt sich miteinander verbunden" (+), „beim Sport ist alles möglich – auch Wintersportler aus Jamaika" (+), „Kommerzialisierung" (–), „kostet viel Geld" (–); „Straßen und Hotels gebaut" (+) „aber danach nicht mehr gebraucht" (–)

Kapitel 9 „Problem oder Chance: Verschiedene Generationen lernen zusammen an der Universität"

Aussagen des Textes: 1. Abschnitt: Wahrheit oder Lüge, dass eine „Schlacht der Generationen" tobe an den Unis / 2. Abschnitt: Bild stellt sich sehr unterschiedlich dar, abhängig von Uni, Beispiele / 3. Abschnitt: Geschichte von Seniorenstudenten, gab es schon vorher, unterschiedliche Interessen als Problem erkannt, Lösungen auch bereits vorhanden / 4. Abschnitt: Probleme gibt es, mit Beispielen / 5. Abschnitt: negative Aussagen, positive Aussagen von jungen Studenten, Erwartung der jungen Studenten an die Uni eine Lösung zu finden

Grafikauswertung: Liniendiagramm: 2002 / 03 viele (fast 7 000), danach sinkend, ab 2008 / 09 leicht steigend wieder auf 4 000; Kreisdiagramm: überwiegende Anzahl der Studenten sieht sich nicht / kaum gestört (zwei Drittel), nur 2 % dagegen fühlen sich behindert von Seniorenstudenten; Schluss: vielleicht doch nicht so dramatisch wie in den Schlagzeilen behauptet

Zusammenhang zwischen Text und Grafiken: Situation nicht so dramatisch, jedoch ein Drittel ist nicht wenig, Lösungen müssen her, werden von Studenten gefordert

Vorteile / Nachteile: Senioren besetzen gute Plätze (–), blockieren gute Themen, Zeit (–), haben nützliche Erfahrungen (+)

Kapitel 10 „Vom Aussterben bedrohte Sprachen lernen?"

Aussagen des Textes: 1. Abschnitt: Beispiel einer Person, die Sorbisch gelernt hat mit Pro-Aussage / 2. Abschnitt: Fakten zu den Sorben (geografisch, Anzahl der Minderheit, Sprecher, verwandte Sprachen) / 3. Abschnitt: Geschichte der Sorben mit Schwierigkeiten sich zu behaupten (Beispiele und Folgen) / 4. Abschnitt: Unterstützung durch Staat und positive Folgen / 5. Abschnitt: positiver Aspekt: Erhalten der Sprache (kulturelle Vielfalt Deutschland)

Grafikauswertung: von 1990 bis 2009 steigende Zahlen, Vergleiche (z. B. mehr als verdoppelte Schülerzahlen zwischen 1990 und 1995), Höhepunkt, danach 2014 fast gleiche Zahl wie vor 14 Jahren. Schluss: vielleicht nicht weniger attraktiv, sondern eher demografischer Faktor?

Zusammenhang zwischen Text und Grafik: ja, steigende Anzahl der Lerner, Veröffentlichungsjahr Text 2009, aber Grafik 2014 aktueller

Vorteile und Nachteile: steigende Anzahl der Lerner in Grafik und Text spricht für Attraktivität (+), kulturelle Vielfalt erhalten (+), leichter andere slawische Sprachen erlernen können (+), zusätzliche Sprache in Schule lernen, heißt mehr Unterricht, weniger Freizeit (–)

So geht's zum DSD II (B2/C1) Neue Ausgabe
ISBN 978-3-12-675987-8
Alles Digitale auf allango.net

Klett

Beobachtungsbogen zu Kapitel 8, Training Mündliche Kommunikation, Aufgabe 3c

Name und Vorname: _____

Thema des Vortrags: _____

	Umsetzung der Aufgabenstellung **Inhalt**				
	Kriterien	☺	☺	☹	Begründung (Woran habe ich das erkannt? Was hat gefehlt?)
C1	Der Schüler trägt ein komplexes Thema gut strukturiert und klar vor.				
	Der eigene Standpunkt wird ausführlich dargestellt.				
	Das Thema wird aus verschiedenen Perspektiven erörtert und in einen größeren Zusammenhang gestellt.				
B2	Der Schüler trägt ein komplexes Thema verständlich vor.				
	Die Erörterung des Themas wird durch relevante Details und Beispiele gestützt.				
< B2	Die Komplexität des Themas wird im Vortrag nicht deutlich, die Klarheit fehlt.				
	Bei der Erörterung fehlen wesentliche Punkte und relevante Details.				

Beobachtungsbogen zu Kapitel 9, Training Mündliche Kommunikation, Aufgabe 13

Name und Vorname: _____

Thema des Vortrags: _____

	Verfügbarkeit sprachlicher Mittel				
	Kriterien	☺	☺	☹	Begründung / Beispiele
C1	idiomatische Wendungen				
	richtig eingesetzte Konnektoren				
	einige komplexe Satzstrukturen				
	verschiedene Satzstrukturen				
	Synonyme				
	Zitate				
	Hochdeutsch				

So geht's zum DSD II (B2/C1) Neue Ausgabe
ISBN 978-3-12-675987-8
Alles Digitale auf **allango.net**

Zusatzübung „Diskussion"

Hinweis für den Lehrer: Sie können die Karten unten ausschneiden (lassen), alternativ können die Schüler auch Aussagen, die sie für diskussionswürdig halten, auf Zettel schreiben. Jede Kleingruppe sollte mindestens 5 Aussagen haben. Wenn die Schüler Kleingruppen gebildet haben, achten Sie vor allem auf die Zeit: Nach einer bestimmten Zeit (z.B. immer nach zwei Minuten) geben Sie ein Signal, und die Schüler müssen zum nächsten Diskussionsthema wechseln.

Ziel: Diese Aufgabe hat das Ziel, einerseits viele Themen kurz zu wiederholen, andererseits den Umgang mit Pro und Contra zu üben. Dies wird auch im Prüfungsgespräch benötigt.

Aufgabe: Bilden Sie Kleingruppen. Legen Sie die Karten mit den Aussagen verdeckt in die Mitte. Ein Schüler dreht eine Karte um und beginnt die Diskussion, indem er die Aussage verteidigt (z.B. begründet oder mit Beispielen belegt). Dann steigen die anderen mit Gegenargumenten in die Diskussion ein. Ihr Lehrer gibt Ihnen ein Signal, wenn die Zeit um ist. Dann dreht der nächste Schüler die nächste Karte um und Sie diskutieren über das nächste Thema.

Sport ist gesund, weil man dadurch den ganzen Körper kräftigt.	Bestimmte Berufe sind nur für Frauen oder nur für Männer geeignet.
Computerspiele machen dumm.	Noten in der Schule sind notwendig.
Im Sommer kann man sich besser erholen als im Winter.	Die Staatsangehörigkeit eines Landes darf man nur bekommen, wenn man die Sprache des Landes perfekt beherrscht.
Katzen sind viel netter als Hunde.	Nur die reichen Länder sind für Umweltkatastrophen verantwortlich.
Medizinische Experimente sollten ihre Grenzen haben.	Die Bildungssysteme sollten in der ganzen Welt gleich sein.
Die Arbeiter vom öffentlichen Verkehr sollen eine Uniform tragen.	Radfahren ist gefährlicher als Autofahren.

So geht's zum DSD II (B2/C1) Neue Ausgabe
ISBN 978-3-12-675987-8
Alles Digitale auf **allango.net**

Diskutieren üben mit unterschiedlichen Rollen

Um Diskussionen zu üben, haben wir „Die sechs Denkhüte von Dr. Edward de Bono" angepasst. Jede Farbe steht für eine Rolle in der Diskussion. Nicht alle Rollen müssen aktiviert werden, Sie können in kleineren Gruppen auch mit nur vier Schülern diskutieren lassen.

Rolle	Nützliche Wendungen
Weiß ist neutral und objektiv und befasst sich mit Fakten. Zu Ihrer Aufgabe gehört es auch, die Begriffe zu definieren.	Statistiken zeigen, dass … Unter diesem Begriff versteht man …
Rot steht für Emotionen und diskutiert sehr emotional. Rot äußert nur die eigene Meinung.	Diese Aussage trifft mich ganz persönlich, denn … Das habe ich anders erlebt: …
Schwarz steht für Seriosität und Ernsthaftigkeit. Sie sind Gegner der genannten These(n).	Damit kann ich nicht einverstanden sein. … Das klingt nicht überzeugend. Ich befürchte, dass Sie sich irren, denn …
Gelb ist sonnig, froh und positiv. Sie geben nur positive Beispiele, Sie befürworten die genannte(n) These(n).	Ich freue mich, dass Sie das sagen, denn … Für … spricht auch das Beispiel von … Dem stimme ich voll und ganz zu.
Grün steht für Kreativität und neue Ideen. Sie bringen Neues in die Diskussion ein.	Ich habe dazu eine gute Idee: … Für dieses Problem habe ich eine neue Lösung: …
Blau konzentriert sich auf die Organisation des Gesprächs. Sie beginnen das Gespräch und schließt es auch nach ca. 10 Minuten ab.	Beginnen wir doch einmal mit Ihnen … Möchten Sie auch etwas zur Diskussion beitragen? Damit kommen wir auch schon zum Ende …

Ablauf des Spiels:
1. Schreiben Sie das Thema der Diskussion (siehe unten) an die Tafel.
2. Die Schüler losen die Farben / Rollen.
3. Alle Schüler machen sich mit der Bedeutung der gelosten Rolle bekannt.
4. Jeder Schüler bereitet für seine Rolle Argumente vor (ca. 5 Minuten).
5. Die sechs Schüler (= alle unterschiedlichen Rollen) setzen sich zusammen.
6. „Blau" beginnt das Gespräch. Er ist für den Verlauf der Diskussion verantwortlich. Seine Aufgabe ist es auch, das Gespräch nach ca. 10 Minuten zu schließen.
7. Jeder Schüler sollte wenigstens zweimal das Wort ergreifen.

Mögliche Themen für die Diskussion:
1. Online-Gespräche sind ehrlicher als persönliche (von Angesicht zu Angesicht).
2. Der Tourismus hat positive Auswirkungen auf die Umwelt.
3. Tierversuche ermöglichen die Entwicklung neuer Arzneimittel.
4. Lebenslang in einer Firma zu arbeiten, kann langweilig sein.
5. Nur die Jugendlichen haben ein Recht auf das Glück.
6. Künstler sind oft ein schlechtes Vorbild.
7. Studieren im Ausland hat nur positive Seiten.
8. Die Welt wird zu einem globalen Dorf.
9. Führerschein mit 18? Viel zu früh!
10. Die Welt braucht eine Weltsprache!

So geht's zum DSD II (B2/C1) Neue Ausgabe
ISBN 978-3-12-675987-8
Alles Digitale auf **allango.net**

Lösungen

1 Medien

Wortschatztraining Computer & Internet ➤ S. 8–9

1a 1. im Internet chatten / recherchieren, 2. die Webkamera nutzen, 3. auf einer Webseite surfen, 4. den Computer hochfahren / herunterfahren, 5. eine Datei öffnen / herunterladen / speichern / weiterleiten, 6. Internetradio einschalten / hören / nutzen, 7. ein Programm öffnen / speichern 8 eine E-Mail öffnen / speichern / drucken

2a 1. chatten: im Internet mit anderen plaudern, sprechen, 2. googeln: im Internet bei einem Suchdienst (Google) nach Informationen suchen, 3. skypen: per Internet bei Skype (einem Anbieter) mit anderen sich schriftlich unterhalten, 4. bloggen: im Internet ein öffentliches Tagebuch führen, 5. surfen: nicht gezielt nach Informationen suchen, sondern spontan von einer Internetseite auf die andere wechseln

2b (1) chatte, (2) skypen, (3) bloggt, (4) gecheckt, (5) gechattet, (6) gegoogelt, (7) gesurft

3 1 der Chat, 2 der Druck / das Drucken / der Drucker / die Druckerin, 3 die Recherche / das Recherchieren, 4 die Speicherung / der Speicher, 5 das Installieren / die Installation / der Installateur / die Installateurin

5a Chatten / Laptop / Internetradio / PC-Spiele / runterladen / surfen / Internet / Webseite

Training Leseverstehen ➤ S. 10–11

1a der Kauf eines PCs

1b

	Um wen geht es im Text?	Worum geht es?
Text A	Kinder dürfen mitreden; Eltern entscheiden	Wer entscheidet, was gekauft wird?
Text B	Kinder orientieren sich an Festplatte, Grafikkarte usw.; Eltern an Preis	Woran orientiert sich die Entscheidung beim Kaufen eines PCs?

2c Mitspracherecht – dürfen mitreden / Entscheidung – entscheiden

2d Signalwörter ... identisch ... können ... Synonyme ...

2e A Vor allem Jugendliche nutzen soziale Netzwerke; B „Safer Internet Day"-Veranstaltung

2f Text A: Überschrift 3; Text B: Überschrift 1

Wortschatztraining Medien im Alltag ➤ S. 12

1a 1. Wenn viele Menschen mit einem Medium Nachrichten/Informationen erhalten, dann spricht man von „Massenmedien".
2. Fernsehen, Video, DVD
3. Nachrichten übermitteln, verbreiten und Unterhaltung
4. individuelle Lösung

1b z.B. alte Medien = Fernsehen / Radio / Telefon / Rauchzeichen / Zeitung
neue Medien = Internet / Mobilfunk / Handy bzw. Smartphone

1d 1 B, 2 A, 3 A, 4 C, 5 B

Training Hörverstehen ➤ S. 13

1a Ich habe kein Handy: 2, 5, 9; Ich kann mir ein Leben ohne Handy nicht vorstellen: 3, 4, 6, 7, 8

1c Person 1: B, Person 2: C, Person 3: C, Person 4: A

1d Person 1: E, Person 2: F, Person 3: A, Person 4: C

Training Schriftliche Kommunikation ➤ S. 14–16

1a z.B. kopieren geht schneller als selber lernen / kopieren ist besser bzw. einfacher als studieren

1b z.B. viele Studenten schreiben ihre Arbeiten nicht mehr selbst, sie kopieren vieles; das ist eine Straftat

2a z.B.: Buch stirbt aus?, junge Generation: Sympathie für E-Book, Fachbücher ganz vorn, Digitalbuchmarkt neu, Problem: Preise genauso teuer wie normale Bücher

2b Laut Artikel …, Der Autor nennt …, Als Grund dafür nennt der Autor, dass …, Der Autor weist auch auf … hin, …, so der Autor am Ende des Artikels, …

| Training Mündliche Kommunikation | > S. 17 |

1a 1. verschiedene Medien (wie z.B. Internet oder Tageszeitung) bei der Arbeit oder privat verwenden
2. Internet, Tageszeitungen, Fernsehen und Radio
3. Sie sind eine wichtige Informationsquelle.
4. ca. 120 Minuten pro Tag

1b *Unter … versteht man …, … bedeutet …, … wird gemeint …, … heißt auf Deutsch…, … bezeichnet man …*

1c /1d

	Soziale Online-Netzwerke	Web 2.0
Was ist das?	Online-Informationsaustausch zu einem bestimmten Thema (Arbeit, Hobbys, berufliche und private Kontakte, …)	Ein Schlagwort, das für eine Reihe interaktiver und kollaborativer Elemente des Internets, speziell des World Wide Webs, verwendet wird.
Was gehört dazu?	Benutzer können Texte und Kommentare zu beliebigen Themen schreiben und sich austauschen.	Internetseiten von Geschäften, Lexika etc.
Wer benutzt das?	In sozialen Online-Netzwerken („Social Networks") treffen sich Personen gleicher Interessen.	alle, die diese Seiten gemeinsam erschaffen

2 Umwelt

| Wortschatztraining Umwelt | > S. 20 |

1a Bild 1: Kohlendioxid-Emissionen, Klimaveränderung; Bild 2: Naturschutzgebiet; Bild 3: Waldsterben, Klimaveränderung; Bild 4: Öko-Strom, alternative Energiequellen

1b 2. Strom aus ökologischen Energiequellen, 3. sind z.B. Energie aus Wasser oder Wind oder Biogas, alles, was nachwächst und nicht die Umwelt belastet, 4. das ist ein Gebiet, wo die Natur nicht verändert wird, wo kein Mensch in die Natur eingreift, 5. das entsteht durch Verbrennung von Kohle und ist schädlich für die Klimaveränderung, 6. die Bäume sterben, weil z.B. durch Umweltschäden ihr natürliches Umfeld negativ beeinflusst wird

1c

fossile Energiequellen	erneuerbare Energie
die Atomenergie / das Erdgas / das Erdöl / …	die Windkraft / die Wasserenergie / die Solarenergie / das Biogas / die Geoenergie / …

2 1 C, 2 E, 3 F (B), 4 B (F), 5 D, 6 A

3 Plastik (Gelbe Tonne): Milchkartons, Konservendosen, Plastiktüten, Plastikflaschen, Joghurtbecher, Alufolie; Altpapiertonne: Prospekte, Kartons, Zeitschriften, Pappe; Biotonne: Eierschalen, Fischgräten, Gemüsereste, Fallobst, Blumen, Nussschalen, Brotreste, Teebeutel, Kaffeesatz; Glastonne: Marmeladengläser, Weinflaschen; Restmülltonne: Staubsaugerbeutel

4 1 D, 2 A, 3 G, 4 H, 5 B, 6 C, 7 F, 8 E

5 1 C, 2 E, 3 D, 4 F, 5 B, 6 A

| Training Leseverstehen | > S. 22 |

2b 1. Zeilen 4 – 5, 2. Zeilen 9 – 12, 3. Zeilen 13 – 15, 4. Zeilen 16 – 17

2c

Signalwörter der Aussage		Signalwörter im Text	
1	*Deutsche, reisen, häufig*	A	*Millionen Deutsche, Reiseweltmeister*
2	Tourismus, positiv, Auswirkung	B	Tourismus, Gefahren = negativ
3	Klimawandel, Interesse, gerückt	C	Klimawandel, Fokus, gerückt
4	Wahl, Urlaubslandes, wichtig	D	Emission, abhängig, Entfernung Zielort

3a sehr viele Deutsche (Millionen) reisen, Deutsche sind Weltmeister im Reisen (= sie reisen am häufigsten); Aussage ist identisch, weil „am häufigsten" die Anzahl der Reisenden meint, also: JA

3b Tourismus gefährlich = negativ für schöne „Flecken", Plätze auf der Erde, gefährlich ist das Gegenteil von positive Auswirkung, also: NEIN

3c Treibhausgase sind von Interesse = in den Fokus gerückt, nicht der Klimawandel, wie es in der Aufgabe steht, also: NEIN

3d keine Information darüber, was die Wahl der Leute beeinflusst, also: keine Information im Text = Text sagt dazu nichts

4 passende … identisch … ein Kreuz … nicht … falsch … vorhanden … Reihenfolge

5 5. falsch (nur im Tourismus, nicht aller), 6. richtig (Reiseverhalten von Deutschen kein Vorbild, muss sich deutlich verringern), 7. Text sagt dazu nichts (steht nicht im Text, ob der WWF Unterstützung gibt)

Training Hörverstehen > S. 25

1a 1 B, 2 B, 3 A, 4 C, 5 A, 6 C, 7 A, 8 A

1b 1 A, 2 A, 3 B, 4 A, 5 B, 6 A

2b 1. A, 2. B, 3. A, 4. C, 5. A, 6. C, 7. A, 8. A

Training Schriftliche Kommunikation > S. 27

1

Thema des Texts	Beispiele
Der vorliegende Text hat das Thema „…"	Als Beispiele werden … genannt / angeführt.
Der Artikel mit dem Titel „…" behandelt das Thema …	Als Beispiel wird im Text … beschrieben.
	Ein wichtiges Beispiel für … ist …
Informationen des Textes	**Definitionen**
Nach Aussagen des Autors …	Der Text gibt eine Definition des Begriffs „ …".
Der Text informiert darüber, dass …	„…" wird im Text so definiert: …
Der Text informiert über …	**Begründungen**
Im Text steht …	Der Text nennt folgende Gründe für …
Laut Text / Autor gibt es …	Im Text werden Gründe für … genannt / angeführt / aufgezählt: …

2b 1. A, 2. B, 3. A, 4. A, 5. A, 6. B, 7. A

Training Mündliche Kommunikation > S. 29

1d Ein **Nationalpark** ist ein klar definiertes, ausgedehntes Gebiet, das durch spezielle Maßnahmen vor schädlichen menschlichen Eingriffen und vor Umweltverschmutzung geschützt wird. Meist sind dies Gebiete, die ökologisch besonders wertvoll sind oder über natürliche Schönheit verfügen und im Auftrag einer Regierung verwaltet werden.

Portfolio > S. 30

2a 2. B / F, 3. D, 4. C, 5. E

3 Technik und Wissenschaft im Alltag

Wortschatztraining Technik und Wissenschaft ➤ S. 32

1a Nachfolgend einige Lösungsvorschläge – es gibt noch viele andere Möglichkeiten:

A	Anatomie, Astronomie	J	Journalistik, Jura	S	Sinologie
B	Biologie	K	Kriminologie	T	Theaterwissenschaft
C	Chemie	L	Linguistik	U	Urbanistik
D	Dendrologie	M	Medizin	V	Verfahrenstechnik
E	Elektrotechnik	N	Naturkunde, Numismatik	W	Wirtschaftswissenschaft
F	Filmwissenschaft	O	Orthopädie	X	–
G	Geologie	P	Paläontologie, Pädagogik	Y	–
H	Humangenetik	Q	Quantenphysik	Z	Zoologie
I	Informatik	R	Religionswissenschaft		

1b alle Artikel sind feminin

2

1. die Natur *beobachten*	5. an einer Universität prüfen
2. ein Experiment durchführen	6. Studenten lehren
3. ein Ergebnis präsentieren	7. einen Artikel schreiben
4. Forschung betreiben	8. eine These aufstellen

3

x 2	*verdoppeln*	klein	*verkleinern*
x 3	verdreifachen	kurz	verkürzen
x 4	vervierfachen	groß	vergrößern
x 10	verzehnfachen	mehr	vermehren
x 100	verhundertfachen	einfach	vereinfachen
viel	vervielfachen	gering	verringern

Training Hörverstehen ➤ S. 33

1 1. In allem, was lebt oder einmal gelebt hat.
  2. Die Gene bestimmen, wie man aussieht und welche vererbbaren Eigenschaften man hat, bei einem Menschen entscheiden sie z. B. über die Augen- oder Haarfarbe, bei einer Pflanze z. B. über Blütenfarbe oder Größe.
  3. Wenn man Lebewesen gentechnisch verändert, verändert man die genetisch festgelegten Merkmale dieses Lebewesens. Zum Beispiel bleiben genetisch veränderte Erdbeeren länger frisch.
  4. Erste Methode: Veränderung der genetisch festgelegten Merkmale. Zweite Methode: Man fügt den bestehenden Genen ein weiteres Gen hinzu, das aus einem anderen Lebewesen stammt.
  5. Es ist möglich, Gene von einer Gattung auf die andere zu übertragen, weil alle Gene, sowohl menschliche wie auch pflanzliche, tierische und bakterielle Gene, aus dem gleichen Material aufgebaut sind.

2 1. Stein, 2. festgeklebt, 3. ausschalten, 4. jemanden / etwas verfolgen, 5. kommen aus, 6. das Denkmal

4a A: 2., 4.; B: 1., 5., 6., 8.; C: 3., 7.

4b Person 1: B, Person 2: A, Person 3: C, Person 4: A

4c Person 1: E, Person 2: F, Person 3: A, Person 4: D; Aussagen B und C sind falsch

Training Leseverstehen ➤ S. 35

1a 1 B, 2 F, 3 D, 4 C, 5 A, 6 E

1b 2. „Schneckentempo" ein Synonym für geringe Geschwindigkeit, 3. „es" ist hier das Pronomen für „Problem", außerdem „löst" man „Probleme", 4. „Wissenschaftler" sind das Pronomen „sie" und „neue Verfahren" steht für „Alternativen", 5. für die „Lösung des Problems" gibt es „eine Idee", 6. „könnte sein" = Konjunktiv II und „ließe" ist ebenfalls Konjunktiv II

1c Cargo Cap = … = diese Art des Güterverkehrs = Alternative = dieses Tunnelsystems = dieses unterirdische Versandsystem = Möglichkeit, Güter zu transportieren = sie (bezieht sich auf „Möglichkeit" = Cargo Cap)

1d Cargo Cap System = unterirdisches Rohrpostsystem = es = Transportalternative = ihm = seiner = dadurch = es = diesem System

1e 1. **nach vorn:** „Cargo Cap" ist im nächsten Satz „es", **nach hinten:** „bereits existierende Transportwege" ist „auf diese"
2. **nach vorn:** „viermal so schnell" bezieht sich auf „36 Kilometer pro Stunde", **nach hinten:** ein erster Vorteil war, dass es „viermal schneller war", jetzt kommt ein „weiterer Vorteil" dazu

2 C, A

Training Mündliche Kommunikation > S. 37

2

Einleitung	Überleitungen	Abschluss
Das Thema meiner Aufgabe lautet … Heute möchte ich über … sprechen. Unter … versteht man zunächst … Was bedeutet das für …? Ich möchte das gern genauer erklären. Mein Vortrag gliedert sich in …	Nun komme ich zum nächsten Punkt. Das führt mich zum nächsten Punkt. Das nächste Stichwort betrifft … Nachdem ich diesen Aspekt erläutert habe, komme ich nun zu …	Abschließend kann ich sagen, dass … Zum Abschluss lässt sich sagen, dass … Der letzte Punkt meines Vortrags handelt von …

Wortschatztraining > S. 39

1a A: 2 Kreisdiagramm (auch: Tortendiagramm); B: 4 Säulendiagramm; C: 1 Balkendiagramm; D: 3 Linien- oder Kurvendiagramm

1b Ein Linien- oder Kurvendiagramm beschreibt meistens eine Entwicklung. Hier beschreiben auch das Säulen- und das Balkendiagramm eine Entwicklung. Eine Menge oder Anzahl wird oft durch ein Balken- oder ein Säulendiagramm beschrieben; Anteile an einem Ganzen durch ein Kreisdiagramm. Eine Reihen- oder Rangfolge kann ein Säulen-, Balken oder Tortendiagramm beschreiben.

1c **Entwicklung:** … ist im Vergleich zum Vorjahr gestiegen / gefallen – die Zahl hat sich gegenüber dem Jahr … um … verdoppelt / verringert – die Werte haben sich kaum / deutlich verändert. **Menge / Anzahl / Anteile:** In der Firma arbeiten fast genauso viele / mehr / weniger … als … / die Zahl der … ist fast doppelt so groß / nur halb so groß wie … / nur ca. die Hälfte / ein Viertel / 15 % … **Reihen- oder Rangfolge:** an erster / letzter Stelle …

2a ↑ zunehmen, steigen, sich erhöhen, wachsen, ansteigen ↓ sinken, fallen, abnehmen, sich verringern, zurückgehen, schrumpfen

2b **ist** gestiegen, gewachsen, angestiegen, gesunken, gefallen, zurückgegangen, geschrumpft; **hat** zugenommen, sich erhöht, abgenommen, sich verringert

Training Schriftliche Kommunikation > S. 40

1a
Titel: Studienanfänger / -innen in Nordrhein-Westfalen; **Diagrammform:** Liniendiagramm; **Quelle:** GIT, 2010; **Zeitraum der Angaben:** Semester 1998 / 99 – 2008 / 09

1b (1) Liniendiagramms, (2) Anzahl, (3) 1998 / 99 bis 2008 / 09, (4) 2010, (5) GTI

3a Zum Schluss kann man sagen, dass Studieren an den Universitäten in NRW anscheinend immer attraktiver wird.

2a

Interview mit einem Experten	H
Umfrage in der Schule / auf der Straße	C
eine Statistik verschiedener Fakten erstellen	D
Vergleich von Meinungen zu einem Thema	G
Tagebuch (Beobachtung)	F
Nachforschungen zu einem neuen Aspekt	B
Quellenrecherche	E
Bildmaterial sammeln	I
Vergleich von Daten in Deutschland und in Ihrem Land	A

4 Ausbildung & Studium

Wortschatztraining Ausbildung & Studium > S. 44

1a auf das Gymnasium gehen, den Schulabschluss erhalten / bekommen, an Kursen teilnehmen, ein Studium beginnen / absolvieren, ein Praktikum absolvieren, das Abitur ablegen, ein Zertifikat erhalten / bekommen / erwerben, einen Ausbildungsplatz suchen / bekommen / erhalten, einen Beruf lernen

1b ist gegangen, abgelegt, bekommen (erhalten), absolvieren, erhalten, bekommen, beginnen, nimmt ... teil

2 Dozent, Seminar, Referat, Studiengebühr, Student/in, Semester, Universität, Vorlesung, Hausarbeit, Mensa

Training Schriftliche Kommunikation > S. 45

2a / c (1) 2015, (2) Schülerzeitung, (3) 200, (4) Polen, (5) in Prozent, (6) Mädchen, (7) Deutsch lernen, (8) mehrere, (9) beruflichen Perspektiven, (10) ca. 90 %, (11) knapp 60 %, (12) wegen der Eltern, (13) Mädchen, (14) deutschsprachige Freunde, (15) Mädchen

2e

Allgemeine Angaben	*Ergebnisse*	*Schluss*
▪ Die Grafik ist das Ergebnis einer Umfrage aus dem Jahr ... ▪ Die Umfrage wurde von ... unter ... durchgeführt. ▪ Die Werte sind in ... angegeben	▪ Die meisten Befragten antworten ... ▪ gaben diese Antwort ▪ fast ein Drittel ▪ ... der befragten Jugendlichen gab an ... ▪ gaben an	▪ Abschließend kann man sagen, dass ... auf die Frage ... antworteten.

3a / b Interessante Werte könnten sein: Luxemburg (alle lernen Deutsch), Schweden (mehr Deutsch als Englisch), Frankreich, Schweden fast gleiche Anzahl an Deutschlernern, Deutsch gleich wichtige Sprache in Polen und Niederlande usw. Gemeinsamkeit der Grafiken: Wie viele lernen Deutsch in der Welt und wie viele lernen in Europa Deutsch und Englisch. Schlussidee könnte sein: Deutsch zwar wichtig, aber Englisch anscheinend wichtiger, weil mehr Englisch lernen als Deutsch.

Lösungen

> S. 47
Wortschatztraining Berufswahl & Beruf

2 1. finden, 2. orientiert, 3. entscheiden, 4. treffen, 5. beraten, 6. hört … zu, 7. informiert, 8. prüfen, 9. einschreiben, 10. sammeln

3a Zusammengesetzt aus: der Beruf + die Eignung + der Test. Damit ist ein Test gemeint, den man macht, um herauszubekommen, für welchen Beruf man geeignet ist.

> S. 48
Training Leseverstehen

1a und b

Signalwörter in der Aussage		Signalwörter im Text
1 Grund, Drittel, abbrechen	A	31%, Studienabbrecher, Gründen / 4 + 5
2 weitere Grund, vorzeitig, Studienende	B	Studienabbruch, vorzeitig / 6 + 7
3 Motive, weniger Rolle spielen, Studienabbruch	C	weniger, brechen ab / ab 12

2b 1. C

2c 2. B

2e 3. B, 4. C, 5. A

> S. 51
Training Hörverstehen

2a (1) Arbeitnehmerinnen und -nehmer, (2) Zahl, (3) sogenannte, (4) Telearbeit, (5) vereinbaren, (6) familienfreundliche

2b 1 B, 2 D, 3 A, 4 C

2c 1 A, 2 C, 3 B, 4 D

3a 1. Wochen, Stunden, Samstag, 2. neue Produkte, neue Arbeitsplätze, Mitarbeiter, 3. sehr verbreitet, nicht sehr oft, ungewöhnlich, 4. jeden Montag, eine Woche, einen Tag, 5. die meisten, ein Zehntel, die Hälfte, 6. Betriebe, Mitarbeiter und Betriebe, das Personal

3b 1. B, 2. B, 3. A, 4. C, 5. C, 6. B

5 Zusammenleben

> S. 56
Wortschatztraining Generationen

1 Bild 1: A; Bild 2: C; Bild 3: B

2a der Generation – en – konflikt
das Mehr – generation – en – haus
die Nach – krieg – s – generation
der Generation – s – wechsel

2b der Generationenkonflikt: Konflikt zwischen Jugendlichen und Erwachsenen, oft aufgrund unterschiedlicher Vorstellungen in bestimmten Fragen des Lebens oder Alltags.
das Mehrgenerationenhaus: ein Haushalt, den zwei (manchmal auch drei) Generationen zusammen führen. Ein Haus, in dem Großeltern, Eltern und Kinder wohnen.
die Nachkriegsgeneration: Diejenigen Menschen, die nach dem Krieg (in Deutschland: nach dem Zweiten Weltkrieg) geboren wurden.
der Generationswechsel: Wenn die jüngere Generation etwas (eine Tätigkeit, eine Verantwortung) von der älteren Generation übernimmt.

3
1. die junge Generation	→	die Generation *der Jungen*
2. die verwöhnte Generation	→	die Generation der Verwöhnten
3. die ältere Generation	→	die Generation der Älteren
4. die betrogene Generation	→	die Generation der Betrogenen

1a Was muss ich tun? entweder Überschriften oder Personen Texten / Annoncen / Veranstaltungen zuordnen
Was muss ich beachten? Signalwörter können auch als Synonyme formuliert sein (manchmal vielleicht selbst schon Überschriften formulieren zu den Texten)

1b Art der Texte: kurze Infotexte über / Einladungen zu Veranstaltungen; Thema: Sport, Sportverein

1c

Person	Signalwörter	Welcher Text passt?
Person 1	Sohn, im Rollstuhl, sportliche Betätigung	Text B: weil verschiedene Sportarten = sportliche Betätigung; auch behinderte Menschen = im Rollstuhl
Person 2	volleyballbegeisterte Rollstuhlfahrerin, Autogramm, Profisportler	Nichts, weil sie „volleyballbegeistert" ist; Bastian Schweinsteiger ist zwar ein Profi, aber kein Volleyballer.
Person 3	Tochter, Möglichkeit zum Fußballspielen	Text A: weil man den Fußballverein kennen-lernen kann, der Nachwuchs (also junge Mitglieder) sucht.

2b 1F, 2A, 3C, 4D, 5H. Die Überschriften B, E, G, I bleiben übrig

3c 1. A, 2. C, 3. B, 4. B, 5. A, 6. B, 7. A, 8. A, 9. A

2a / b 1: C, F; 2: A, D, E; 3: B

2c auf Widerspruch reagieren: A, B, C, H
auf Ergänzungen reagieren: D, E, F, G

1a Ja: 3, 4
Nein: 1, 2

2 von oben nach unten: 2, 1, 5, 3, 4

3 Pro: allgemein ist Sport gut gegen Bewegungsarmut, in Bezug auf Inklusion: gleichberechtigtes Miteinander aller Schüler (mit und ohne Behinderung); neues Unterrichtskonzept im Sport ohne „höher, schneller, weiter"; Entwicklung von Toleranz und Akzeptanz gegenüber Menschen mit Beeinträchtigung
Contra: kostet Geld, gibt noch keine ausgebildeten Lehrer dafür, nicht alle sind bereit für Veränderungen

4a Das Argument ist positiv, das Redemittel „ein Vorteil der Inklusion ist ..." zeigt es.

4b 1 Ich denke, ein Vorteil der Inklusion ist, dass ...
2 nicht behinderte Kinder auch viel lernen können.
3 Wenn behinderte und nicht behinderte Kinder z.B. zusammen ...
4 Aber nur so kann ... funktionieren und die Aufgabe lösen.

4c Mögliche Lösung: Ein weiterer positiver Aspekt ist, dass man sich beim Sport bewegen muss. Und Bewegung tut immer gut, auch Kindern mit Behinderung. Wie bereits der Text erwähnt, ernähren sich Kinder nämlich oft zu ungesund. Sie essen z.B. gern Fastfood, wie Burger mit Soße und fettige Pommes und Cola dazu. Das macht dick, deswegen brauchen sie danach Bewegung und die Schule bietet sie.

5c 1. Meiner Überzeugung nach ist ein Vorteil des gemeinsamen Sportunterrichts, dass er sowohl Toleranz als auch Rücksichtnahme vermittelt. 2. Wenn junge Schüler schon ab der ersten Klasse lernen, aufeinander Rücksicht zu nehmen, dann ist das später für sie selbstverständlich. Deswegen halte ich Sportunterricht von behinderten und nicht behinderten Schülern für wichtig. 3. Ein weiterer positiver Aspekt des inklusiven Sportunterrichts besteht meiner Ansicht nach darin, dass Kinder mit körperlicher Behinderung ihre Beweglichkeit zwar eingeschränkt sehen, aber Sport möglich ist. 4. Der Sportunterricht kann diese Schüler anregen, trotz ihrer Behinderung Sport zu machen. Eine Schülerin oder ein Schüler kann z.B. Basketball spielen, obwohl er oder sie im Rollstuhl sitzt. 5. Vielleicht hat das Kind diesen Sport aber noch nie ausprobiert, weil er oder sie nicht auf die Idee gekommen ist oder nicht wusste, wo man das machen kann. 6. Ich finde, die Sportlehrer sollten dann auch wissen, welcher Vereine in der Umgebung Sport für Behinderte anbieten, um die Informationen an die Schüler weiterzugeben. 7. Inklusion an der Schule ist meiner Meinung nach sehr gut, trotzdem muss man negative Aspekte nennen. 8. Einer könnte sein, dass Sportunterricht mit Inklusion viel Geld kostet. Weil viele Schulen noch alt sind, haben sie nicht die passende Ausstattung für Schüler mit Behinderung. 9. Wie z.B. an meiner Schule, an der es nur Treppen gibt. Ein Rollstuhlfahrer käme deshalb nicht in die Sporthalle oder ins Schulgebäude. 10. Bei uns müsste also viel umgebaut werden, damit der Zugang für Rollstuhlfahrer möglich wird. 11. Dafür ist seit Jahren kein Geld da, außerdem gibt es keine für die Inklusion ausgebildeten Lehrer an meiner Schule. … 12. … Ich halte einen gemeinsamen Sportunterricht von behinderten und nicht behinderten Schülern für wichtig, denn in meinem Tanzverein, …, habe ich nur positive Erfahrungen gemacht.

6 Freizeit – Freie Zeit?

Training Schriftliche Kommunikation: Sätze verbinden ➤ S. 68

1a Foto 1: sich sozial engagieren; Foto 2: Geld verdienen; Foto 3: Sprachreise unternehmen; Foto 4: Sport treiben

1b 1. G, 2. R, 3. Ü, 4. N, 5. D, 6. E = Gründe

Training Schriftliche Kommunikation: Eine Argumentation aufbauen, … ➤ S. 69

1a Mögliche Antworten: **Vorteile:** Fremdsprache vertiefen, besser beherrschen, Interessantes sehen, Abwechslung, weg von zu Hause, Freizeit einmal anders; **Nachteile:** kein guter Kurs, unangenehme Leute, Heimweh

2a/b Schüler 1: eher für, (rot = neue Leute, lernt Sprache nirgends so gut wie im Ausland), (blau = Familie vermissen), (persönliche Erfahrung = Ich habe vor einem Jahr …); Schüler 2 eher neutral, (rot = ganz intensiv mit Sprache beschäftigen), (blau = sehr anstrengend), (persönliche Erfahrung = Meine Cousine …)

2c Schüler 1: linear; Schüler 2: dialektisch

2d 1. linear, 2. dialektisch

2e linear: rechte Spalte, dialektisch: linke Spalte

3 linear: 2, 3; dialektisch: 1, 4

Training Mündliche Kommunikation ➤ S. 72

1b Aussage 2 (3 Punkte): Der Schüler präsentiert und argumentiert seine Meinung treffend und sicher. Antwortet mit eigenen, einleuchtenden Beispielen oder Beweisen.
Aussage 3 (1 Punkt): Der Schüler präsentiert Argumente und auch seine Meinung. Er antwortet auf Fragen kurz, findet nicht immer ein passendes Beispiel.
Aussage 1 (0 Punkte): Der Schüler präsentiert knapp seine Meinung und gibt keine Beispiele oder Argumente, sodass man die Diskussion fortsetzen könnte.

2a
Lösungsvorschlag (auch andere Lösungen sind möglich):
1. Freizeitaktivitäten, Erholung, Ferienjob
2. Gesundheit, Freizeitaktivitäten, Erholung
3. Bezug zu Literatur und / oder Film.

1

	Frage	Antwort	Punkte
1	Nennen Sie Anglizismen (5) in Bezug auf Computersprache.	z.B.: skypen, chatten, googeln, bloggen, surfen	___/5
2	Welche technischen Geräte gibt es in Bezug auf „Medien"? (5)	z.B.: Webkamera, Internet, Computer, Musikdatei, E-Mail	___/5
3	Was passt zusammen? a etwas ins Internet 1 hören b das Internetradio 2 runterladen c die Datei 3 stellen d eine E-Mail 4 lesen e eine Webseite 5 erstellen	a + 3 b + 1 c + 2 d + 4 e + 5	___/5
4	Bilden Sie Komposita mit: a Chat- b Speicher- c Drucker-	a -room, -partner, … b -kapazität, -platz, … c -patrone, -einstellung, …	___/4
5	Welches Wort fehlt? _____kompetenz _____kritik _____wissenschaftler	Medien	___/1
		Gesamtpunktzahl	___/20

2b Balken- oder Säulendiagramm

1 A 7, B Signalwörter, C richtig, falsch, Text sagt dazu nichts

2a 1 r, 2 f, 3 r, 4 r, 5 Text sagt dazu nichts, 6 f, 7 Text sagt dazu nichts

1 2. vergüten, 3. Ermäßigung, 4. Einblick bekommen, 5. unter fachmännischer Anleitung arbeiten, 6. Verantwortung übernehmen, 7. sich austauschen, 8. Eignung besitzen, 9. etwas überbrücken, 10. die Einsatzstelle, 11. der Verdienst

2a Arbeitslosenversicherung, Krankenversicherung, Pflegeversicherung, Rentenversicherung

2b 1. Arbeitslosenversicherung, 2. Rentenversicherung, 3. Krankenversicherung, 4. Pflegeversicherung, 5. Krankenversicherung

4a

1. Junge Menschen zwischen 17 und 27 Jahren, die Folgendes möchten: sich in ihrem Leben orientieren, die Einblicke in soziale Berufe haben, sich für andere Menschen engagieren, ihre Eignung für einen sozialen Beruf testen, die Wartezeit für ein Studium oder eine Ausbildung sinnvoll überbrücken.
2. Mit einem Taschengeld: 170 Euro plus 180 Euro für Verpflegung = 350 Euro. Bei Unterkunft vom Träger nur 100 Euro Taschengeld, monatlich 280 Euro (davon keine Sozialversicherungsbeiträge). Außerdem ein FSJler-Ausweis für Ermäßigungen in öffentlichen Einrichtungen (Bibliotheken, Schwimmbäder, …).
3. Bei einem Träger – (Vorschläge über Einrichtungen, dann Vorstellungsgespräch bei der vorgeschlagenen Einsatzstelle).
4. Meistens am 01. August, 01. September oder am 01. Oktober eines jeden Jahres.
5. Sich mit anderen FSJlern über seine Erfahrungen austauschen, eigene Praxis reflektieren, spezifische Themen besprechen.
6. Spaß, eine interessante Lebenserfahrung: Verantwortung übernehmen, viel lernen, ein guter Einblick ins Berufsleben, das FSJ – im Lebenslauf gut aussehen – von zukünftigen Arbeitgebern positiv bewerten.

4b 1. C, 2. A, 3. B, 4. C, 5. C, 6. B

7 Mobilität

Wortschatztraining Mobilität ➤ S. 80

1 1. Computer, 2. Ozean, 3. Telefon, 4. Geografie, 5. violett, 6. Meeting, 7. Boss, 8. Kontinent, 9. Astronaut, 10. Fan

2 2. die Auswanderung, 3. die Einwanderung, der / die Einwanderer / in, 4. die Zuwanderung, 5. die Emigration, der / die Emigrant / in, 6. der / die Einheimische, 7. die Flucht, der / die Flüchtige, der Flüchtling, 8. das Ankommen, der / die Ankommende

Training Mündliche Kommunikation ➤ S. 81

1a Beispiellösung, es sind viele andere Lösungen möglich:

Arbeit	Stress	Internet
Tourismus	**Mobilität**	Freiheit
Verkehrsmittel	Zeit	Bezug zu Literatur und / oder Film

1b

Einleitung	Hauptteil	Schluss
Erklärung des Begriffes (Definition) / gegenwärtige Situation	aktuelles Beispiel / Argumente (Pro & Contra) / Problemstellung / Ursache – Wirkung – Folge / Vergleich: mein Land – Deutschland	Eigene Meinung / persönlicher Bezug / Ausblick auf die Zukunft oder Lösungsmöglichkeiten

Training Schriftliche Kommunikation ➤ S. 82

1a Thema: Nach der Schule ein Freiwilliges Soziales Jahr?

2b TEXT B̲ A̲ U̲ S̲ T̲ E̲ I̲ N̲ E̲

2c

Baustein	Textaufbau
B	1. Einleitung
A	2. Überleitung zur Textwiedergabe
U	3. Textwiedergabe
S	4. Überleitung zur Grafikauswertung
T	5. Wiedergabe wesentlicher Grafikinformationen
E	6. Überleitung zur Stellungnahme
I	7. persönliche Stellungnahme (Pro-Contra-Diskussion)
N	8. (eigene Meinung)
E	9. Schluss

3a Meine Meinung kann ich an verschiedenen Stellen in meinem Text äußern.

3b 1 C, 2 E, 3 A, 4 B, 5 D

4a 2, 3, 4, 6

4b eine allgemeine Feststellung mit einer rhetorischen Frage am Ende

5 Textwiedergabe: 2, 5; Grafikauswertung: 1, 6; persönliche Stellungnahme: 3, 4

6a 1 Text, 2 Schluss, 3 Einleitung, 4 Meinung

6b Der Schluss kommt auf den Anfang zurück und beantwortet die Frage.

Training Leseverstehen
➤ S. 86

1 Im Prüfungsteil Leseverstehen 3 sollen Sie fünf Lücken eines Texts schließen, wofür Sie sieben Sätze zur Auswahl haben.

2d (1) A, (2) C, (3) F, (4) G, (5) D

Wortschatztraining „Bewegung"
➤ S. 88

1a z.B. fahren, gehen, bummeln, wandern, sinken, emporsteigen, ansteigen, fallen, …

1b auswandern: ein Land verlassen, weggehen; die Auswanderung
abwandern: Firmen verlassen den Produktionsstandort, sie gehen in ein Land, um dort billiger zu produzieren; einen Weg ablaufen, bevor man z.B. einen Tag später mit Kindern dort wandern geht, man schaut sich schon einmal die Strecke an; die Abwanderung
mitwandern: gemeinsam wandern, mit Leuten mitgehen, wenn sie wandern gehen
zuwandern: Leute kommen in ein Land; die Zuwanderung, wird auch im Zusammenhang mit dem demografischen Faktor bzw. allgemein der politischen Diskussion benutzt
einwandern: in ein Land gehen, um dort zu leben
durchwandern: den ganzen Tag ohne Pause laufen, weil wenig Zeit ist, oder ein bestimmtes Gebiet durchwandern (von einem Ende zum anderen)

1d A den Ort wechseln, B sind in den Bergen gelaufen, C fliegen, D verlassen, E ziehen, F sind gekommen

1e keine Bewegung: 1, 2, 3, 7, 8, 10   Bewegung: 4, 5, 6, 9

Training Hörverstehen
➤ S. 89

1 1. Ja, 2. Nein, 3. Ja, 4. Ja

2 1. B, 2. C, 3. A, 4. B, 5. A, 6. A, 7. A, 8. B

Portfolio: Arbeit am Text
➤ S. 90

2 Beim Exzerpieren schreibt man wichtige Textelemente wörtlich oder sprachlich leicht abgewandelt aus einem Text.

3 1 C, 2 F, 3 E, 4 A, 5 B, 6 D

8 Globalisierung

Training Hörverstehen ➤ S. 93

1a 1. C, 2. A, 3. B, 4. C, 5. C, 6. A, 7. A, 8. B

Training Leseverstehen ➤ S. 94

1 1. C, 2. A, 3. C, 4. B, 5. B

3a 1. C, 2. B

3b 3. A, 4. C, 5. A

Training Mündliche Kommunikation ➤ S. 97

C1   Der Schüler trägt ein komplexes Thema gut strukturiert und klar vor.
C1   Der eigene Standpunkt wird ausführlich dargestellt.
C1   Das Thema wird aus verschiedenen Perspektiven erörtert und in einen komplexen Zusammenhang gestellt.

B2   Der Schüler trägt ein komplexes Thema verständlich vor.
B2   Die Erörterung des Themas wird durch relevante Details und Beispiele gestützt.

< B2   Bei der Erörterung fehlen wesentliche Punkte und relevante Details.
< B2   Die Komplexität des Themas wird im Vortrag nicht deutlich.

Training Schriftliche Kommunikation ➤ S. 98

1 1. die, 2. die, 3. die, 4. das, 5. dem, 6. deren

2a Relativsätze, die ein Verb im Aktiv enthalten, kann man zu Partizipialkonstruktionen umformulieren. Das Partizip I wird zum Attribut des Nomens und wird wie ein Adjektiv dekliniert. Das Relativpronomen fällt weg. Alle anderen Informationen stehen zwischen dem Artikel und vor dem Partizip I.

2b 1. Die immer mehr unser Leben bestimmende Globalisierung hat sich durch das Internet beschleunigt.
    2. Zur Arbeit pendelnde Menschen haben weniger Zeit für soziale Kontakte.
    3. Die aus fernen Ländern stammenden Lebensmittel sind oft teuer.

2c Relativsätze, die ein Verb im Passiv enthalten, kann man zu Partizipialkonstruktionen umformulieren. Dabei wird das Partizip II zum Attribut des Nomens und wird wie ein Adjektiv dekliniert. Das Relativpronomen fällt weg. Alle anderen Informationen kommen zwischen dem Artikel und vor dem Partizip II.

2d 1. Viele heute produzierte Waren werden exportiert.
    2. Die immer flexibler gestalteten Arbeitszeitmodelle haben Vorteile für die Arbeitnehmer.
    3. Die ins Ausland versetzten Freunde kann man leicht per Skype erreichen.
    4. Durch lange Trennungen auf die Probe gestellte Partnerschaften halten selten.

9 Demografischer Wandel

1a Bild 1: Baby, hilflos, hilfsbedürftig, neugierig, vertrauensselig, interessiert; Bild 2: ältere Menschen, hilflos, erfahren, hilfsbedürftig, ängstlich, eigensinnig, gelassen, interessiert, vorsichtig, weise, gebrechlich, besserwisserisch; Bild 3: Jugendliche, selbstständig, neugierig, ehrgeizig, interessiert, sportlich, besserwisserisch, aufmüpfig, hartnäckig; Bild 4: Erwachsene, erfahren, selbstständig, ehrgeizig, interessiert, vorsichtig, fürsorglich, liebevoll, hartnäckig

1b die Hilfe, die Hilflosigkeit, der Helfer, der Eigensinn, die Eigensinnigkeit, der / die Eigensinnige, die Hilfsbedürftigkeit, der / die Hilfsbedürftige, der / die Selbstständige, die Selbstständigkeit, das Vertrauen, die Vertrauensseligkeit, die Neugier, die Neugierde, der / die Neugierige, die Gelassenheit, der Ehrgeiz, das Interesse, die Angst, die Ängstlichkeit, die Vorsicht, die Weisheit, der / die Weise, die Fürsorge, die Fürsorglichkeit, der Sport, die Sportlichkeit, die Liebe, das Gebrechen, die Gebrechlichkeit, der / die Besserwisser / in, die Aufmüpfigkeit, die Hartnäckigkeit

2a das Baby

							der Alte
der Säugling	das Kind	der Teenager	der 20-Jährige	der Mittvierziger	der Pensionär	der 90-Jährige
das Neugeborene					der Rentner (um die 60)	

0 Jahre → 100 Jahre

das Kleinkind   der Pubertierende   der Jugendliche   der Erwachsene

2b Vorschläge:

Gruppe 1: jung	Gruppe 2: alt
jünger	älter
verjüngt	veraltet
Junggebliebener	das Alter
Junghans	das Altpapier
der Jungbrunnen	die Altstadt

1 1 G, 2 A, 3 E, 4 B, 5 I

2 **1 Nein**, weil nicht „alljährlich", sondern aller drei oder vier Jahre; **2 Ja**, weil „große Erwartungen" synonym ist zu „unter Druck geraten sein"; **3 Nichts**, weil im Text kein Vergleich formuliert ist wie im Item; **4 Ja**, weil „Spannungen" als Synonym zu „Konflikten" gebraucht wird; **5 Nein**, weil „ähnlicher Lebensstil" und „größere Unterschiede in dem, was …" das Gegenteil darstellt; **6 Nichts**, weil das Item sagt, der Erfolg sei größer, je höher der Schulabschluss ist, der Text aber sagt, dass der Schulabschluss „als der Schlüssel zum Erfolg gesehen" wird – also eine Einschätzung, kein Fakt, zudem ist der Abschluss „nur" Voraussetzung, aber keine Garantie für Erfolg; **7 Ja**, weil „Optimismus bzw. Pessimismus" = „positive bzw. negative Sicht" ist und „gesellschaftliche Position" = „soziale Position" ist.

1a Satz 1 = direkte Rede; Satz 2 = indirekte Rede

1b Der Konjunktiv I wird aus dem Stamm des infiniten Verbs gebildet. In allen Endungen erscheint ein -e. (gehen: ich gehe, du gehest, er gehe, wir gehen, ihr gehet, sie gehen. Das Verb „sein" hat unregelmäßige Konjunktiv I Formen, die Sie auswendig lernen müssen: ich sei, du seiest, er/sie/es sei, wir seien, ihr seiet und sie seien. Für die 1.–3. Person Plural und wenn die Form des Konjunktiv I mit der des Indikativs identisch ist, benutzt man die Formen des Konjunktiv II oder die Form mit würde + Infinitiv.

1c 1. komme, 2. arbeite, 3. ziehe weg, 4. funktioniere, 5. würden fliegen, 6. würden fahren, 7. hätten, 8. würdet finden

1d 1. Die Autoren der Studie behaupten, dass Unbekümmertheit und Unbeschwertheit wenig zu spüren seien.
2. In der Studie heißt es, Mädchen würden auf den Druck mit depressiven Verstimmungen und

psychosomatischen Störungen reagieren, Jungen würden versuchen, den Druck aggressiv nach außen loszuwerden.

3. Man stellt in der Studie weiter fest, dass die (notwendige) Spannung zwischen den Generationen fast verschwunden sei.

2a A (1) Es, (2) sie, (3) der, (4) woher, (5) die; **B** (1) dieser, (2) sie, (3) eine, (4) Das, (5) daran, (6) Diese;
C (1) Solche, (2) sie, (3) Sie, (4) wovon, (5) die

Training Hörverstehen > S. 111

1a 1. Nein, 2. Ja, 3. Nein, 4. Ja

2a ▪ im Visier haben = jmdn. beobachten, anpeilen
  ▪ eine Kaufkraft = Zahlungsfähigkeit = Fähigkeit, Waren o. Ä. zu bezahlen
  ▪ Erwerbsbiographie = wann und welche bezahlten Tätigkeiten man in seinem Leben ausgeübt hat
  ▪ Seniorenprodukte = speziell für Senioren entwickelte Produkte
  ▪ seniorengerecht = so, wie es für Senioren erforderlich/angemessen ist
  ▪ die Alterswissenschaftlerin = Wissenschaftlerin, die sich mit Altersproblemen beschäftigt
  ▪ altersgerecht = altersgemäß = dem Alter entsprechend
  ▪ die Niederflurstraßenbahnen = Straßenbahnen ohne hohe Treppen, so dass alte Menschen, Behinderte sowie Mütter / Väter mit Kinderwagen einfach ein- / aussteigen können

3 1. C, 2. B, 3. A, 4. C, 5. B, 6. B, 7. B, 8. A

Training Mündliche Kommunikation > S. 113

1a verfügbar: *[augenblicklich] zur Verfügung stehend; für den sofortigen Gebrauch o. Ä. vorhanden*
verfügen: hier – *etw. besitzen, haben (u. sich dessen uneingeschränkt bedienen, es nach Belieben einsetzen können*

1b (1) präzisieren, (2) differenzierten, (3) breites, (4) offensichtliche, (5) selten, (6) problemlos

1c

C1: Der Prüfling verfügt über einen reichen Wortschatz.	Der Wortschatz ist für C1 nicht ausreichend.
idiomatische Wendungen, richtig eingesetzte Konnektoren, verschiedene Satzstrukturen, Synonyme, Zitate, Hochdeutsch	häufige Wortschatzlücken, Wiederholungen, Grundwortschatz, einige komplexe Satzstrukturen, falsche Umschreibungen, Umgangssprache, einfacher Satzbau

Portfolio > S. 114

Das Säulendiagramm	eignet sich vor allem zur Darstellung von Prozentwerten, d.h. von Anteilen einer Gesamtheit (= 100 %).
Das Kreisdiagramm	zeigt oft eine Entwicklung.
Das Balkendiagramm	stellt meist eine Rangfolge dar.
Das Kurvendiagramm	zeigt die Veränderung von Werten über einen Zeitraum.

10 Regionen, Sprachen und Dialekte

Wortschatztraining Regionen, Sprachen und Dialekte ➤ S. 116

1b A Flutung, B Tagebau, C Kohleflöz, D Mondlandschaft

1c Bild 1: D, Bild 2: C, Bild 3: B, Bild 4: A

1d Bergbau: Flutung, Tagebau, Kohleflöz, Braunkohlegewinnung; Weltraumforschung: Mondlandschaft;
Literatur: Mondlandschaft

Training Leseverstehen ➤ S. 117

1 (1) C, (2) B, (3) A, (4) F, (5) G

2a 1. A, 2. A, 3. B

2b 1. B, 2. C, 3. C, 4. A, 5. C, 6. A, 7. B

Training Hörverstehen ➤ S. 120

1a 1 B, 2 C, 3 D, 4 A

1b 1. Fremdsprache, 2. schreiben, 3. brauchen, 4. fordern

2a 1. A, 2. C, 3. B, 4. C, 5. A, 6. B, 7. B, 8. C

Training Schriftliche Kommunikation ➤ S. 121–123

2a Mögliche Kritikpunkte:

Gruppe 1: Einleitung ist gelungen, Überleitung zur Textwiedergabe und Grafikauswertung gibt es, aber
die Grafikauswertung fehlt, nur eine Hauptaussage ist genannt, Redemittel nicht exakt / nicht richtig
benutzt, keine Vergleiche, Grammatikfehler und Syntaxfehler

Gruppe 2: Überleitung ist formuliert, Pro-Contra ist im ausreichenden Maße vorhanden, ebenso
angemessene Begründung, Bezüge zur Grafik fehlen, einige Satzbaufehler, Grammatikfehler
(z.B. Relativpronomen)

Gruppe 3: eigene Meinung vorhanden, indem immer wieder von Schüler mit RM darauf verwiesen wird
(gut gelöst), es gibt einen sinnvollen Schluss, Grammatikfehler

Transkriptionen der Hörtexte

1 Medien

Ich nehme mir vor, ab Ende dieses Jahres ohne Handy auszukommen, nicht nur wegen der Kosten. Meine Handynummer haben schon jetzt nur wenige Leute. Wenn mich jemand sprechen will, dann kann er auch die Festnetznummer zu Hause anrufen. So habe ich auf der Straße und auf Arbeit meine Ruhe. Muss ich denn ständig für alle Leute erreichbar sein? Eigentlich braucht man ein Handy doch nur, wenn etwas Schlimmes passiert. Man kann es aber auch als Wecker benutzen, oder um Fotos und Videos zu machen. Das ist in Ordnung. Aber zum Reden habe ich meinen Festnetzanschluss.
Was mich beim Handy außerdem total stört, sind die Anrufe von Leuten, die mir ständig unwichtiges Zeug erzählen wollen und auch die nervigen Anrufe vom Service oder die Werbe-SMS mit Angeboten, auf die ich absolut keine Lust habe. Deshalb werde ich mich wohl von meinem Handy trennen.

Das Handy ist schon seit vielen Jahren sehr wichtig für mich. So kann ich meine Freunde anrufen und mit allen in Kontakt bleiben. Heute bin ich fast schon süchtig danach, zu telefonieren oder SMS zu schreiben. Jeden Abend spreche ich mit meinem Freund oder quatsche mit Freundinnen, mindestens eine Stunde lang. Wenn etwas passiert, dann weiß ich es sofort. Nur im Urlaub, da bleibt das Handy aus und wird nur abends vor dem Schlafen kurz eingeschaltet, um zu sehen, wer etwas geschrieben hat.

Wer hat heute kein Handy? Von den 10-Jährigen haben heute bereits 65 % ein Handy, die meisten Erwachsenen haben inzwischen zwei oder mehr Handys. Und was das Handy alles kann! Telefonieren ist ja nicht genug, es gibt Spiele, einen MP3-Player, eine Kamera und man kann SMS schreiben. Außerdem haben viele Handys eine Taschenlampe und und und. Das Handy mit allen Extras ist zu einem richtigen Statussymbol geworden. Also, ich selbst habe natürlich auch eins und gehe nie ohne Handy aus dem Haus.

Ich gehöre zu den wenigen, die schon seit Jahren ohne Handy auskommen und deswegen kann ich bestätigen, dass man ohne Handy komisch angeschaut wird. Ich finde es aber schade und bedenklich, dass in der heutigen Gesellschaft die Leute „verachtet" werden, bloß weil sie kein Handy besitzen. Ich meine, was ist ein Handy? Ein Ding, so groß, wie eine Zigarettenschachtel. Weiter nichts. Für mich steht jedenfalls fest: Ohne Handy bin ich nicht ständig auf „Standby", ich bin entspannter und kann mein Leben in Ruhe organisieren.

2 Umwelt

Die erste Umweltaktivistin Rachel Carson
Rachel Louise Carson stammt aus dem kleinen Ort Springdale im amerikanischen Bundesstaat Pennsylvania. Schon sehr früh begeisterte sie sich für die Natur und das Bücherschreiben, eine Leidenschaft, die sie später sehr berühmt machen sollte. Zunächst entschied sie sich jedoch für eine Laufbahn im Bereich der Naturwissenschaft. Sie studierte Biologie am Pennsylvania College for Women und an der Johns Hopkins Universität, die sie 1932 mit dem Magisterabschluss verließ.
Danach arbeitete sie als Meeresbiologin und veröffentlichte zahlreiche Bücher. Schon in ihren frühen Publikationen betonte Rachel Carson immer wieder, dass das Leben der Menschheit von der Natur nicht zu trennen ist. Der Mensch, so Rachel Carson, dürfe niemals vergessen, dass auch er ein Teil der Natur ist. 1951 wurde sie mit ihrem Buch „Das Meer, das uns umgibt" in ganz Amerika bekannt. Es führte 86 Wochen die Bestsellerliste an.
Doch erst einige Jahre später kam Rachel Carson zum Umweltschutz, der zu ihrer großen Lebensaufgabe wurde. In den 50er Jahren musste Rachel Carson ein großes Vogelsterben in einer Vogelstation miterleben. Dort starben innerhalb kurzer Zeit unzählige Vögel, nachdem wenige Tage zuvor über dem Sumpfgebiet, in dem die Station lag, riesige Mengen des Insektengiftes DDT versprüht worden waren. Solche Sprühaktionen waren damals auf der ganzen Welt üblich, wenn es darum ging, Mücken und ihre Larven im großen Stil zu vernichten. Rachel Carson war tief beunruhigt und konzentrierte nach diesem einschneidenden Erlebnis ihre weiteren Forschungen auf eine ganz konkrete Aufgabe. Von nun an war es ihr Ziel herauszufinden, wie sich Insektizide auf das Leben von Tier und Mensch auswirken.

Bei ihren wissenschaftlichen Untersuchungen kam sie zu einer folgenschweren Einsicht: Wenn wir so weitermachen, so Rachel Carson 1962 in ihrem Buch „Der stumme Frühling", werden wir eines Tages einen Frühling ohne Vogelgezwitscher erleben. Insektengifte töten nämlich nicht nur Insekten, sie töten auch die Tiere, die vergiftete Insekten fressen, also Vögel und Fische. Mehr noch – über die Fische, die wir essen, werden auch wir Menschen selbst Opfer des Giftes. „Der stumme Frühling" war das erste große Umweltbuch überhaupt, ein Buch, das die Begriffe wie „Umwelt" und „Ökologie" allgemein bekannt machte und den Grundstein für die weltweite Ökologie-Bewegung legte.

Bei der amerikanischen Landwirtschaft und der chemischen Industrie dagegen brach mit dem Buch „Der stumme Frühling" ein Proteststurm los. Der damalige Präsident der Vereinigten Staaten, John F. Kennedy, fand Rachel Carsons Untersuchungen jedoch so wichtig, dass er 1962 einen Ausschuss einberief. Dieser Ausschuss konnte ihre Thesen bestätigen und leitete Kontrollmaßnahmen ein. Rachel Carson starb am 24. April 1964, einen Tag, bevor die ersten Kontrollmaßnahmen begannen.

Das Buch Rachel Carsons veränderte „den Lauf der Geschichte", stellte US-Vizepräsident Al Gore drei Jahrzehnte später fest. „Der stumme Frühling" wird als eines der bedeutendsten Bücher des 20. Jahrhunderts bezeichnet. 1980 erhielt Rachel Carson posthum dafür die höchste zivile Auszeichnung der USA.

3 Technik und Wissenschaft im Alltag

6 Seitdem es Anfang der 70er Jahre US-Forschern gelang, ein gentechnisch verändertes Bakterium zu erzeugen, wird heftig über die Auswirkungen von Gentechnik diskutiert. Heute haben wir vier Personen um ihre Meinung zum Thema Gentechnik gebeten.

Nichts ist gut oder schlecht … Auch die Gentechnik selbst ist weder gut noch schlecht. Die Frage ist doch: Wie denken die Menschen, die diese Methode anwenden? Welche Einstellungen, welche Absichten haben sie und wofür wenden sie die Gentechnik an? Weder die Risiken noch die Chancen von Gentechnik sind eindeutig belegt. Bevor ich Gentechnik ablehne, brauche ich einen wissenschaftlichen Beweis für einen eingetretenen Schaden. Andererseits muss aber auch erst bewiesen werden, dass Gentechnik unschädlich ist, bevor ich ihr zustimmen kann.

7 Gentechnik gehört ins Labor und sonst nirgendwohin. Bis man alle Risiken ausgeschlossen hat, werden noch Jahrzehnte vergehen. Ich denke aber eher: Es ist heute noch nicht absehbar, welche neuen Gefahren mit der Anwendung der Gentechnologie auf die Menschen zukommen. Überhaupt kenne ich keine einzige von Menschen erdachte Technologie, die ohne Risiko gewesen wäre. Besonders, wenn natürliche Prozesse beeinflusst werden sollen. Ich denke nicht, dass der Mensch in der Lage ist, die komplexen Zusammenhänge der Natur überhaupt zu verstehen. Und bevor wir diese nicht verstanden haben, sollten wir die Finger davon lassen. Ich bin davon überzeugt, dass die Gentechnik wieder nur einigen wenigen Konzernen gewaltige Profite bringen wird, zu Lasten der Natur und zu Lasten der Menschheit.

8 Ich verstehe gezielte Veränderungen des Erbgutes von Lebewesen als große Chance für die Menschheit. Ich bin der festen Überzeugung, dass mit der Gentechnik endlich die Hoffnung besteht, viele bisher noch unbehandelbare Krankheiten heilen zu können. Menschen, die unter Parkinson, Alzheimer oder Diabetes leiden, können erwarten, dass die Gentechnik, insbesondere die Stammzellforschung, ihnen hilft. Außerdem könnte der Hunger auf der Welt durch Gentechnik endlich erfolgreich bekämpft werden. Meiner Meinung nach wird Gentechnik in alle Lebensbereiche Einzug halten. Der technische Fortschritt lässt sich nicht aufhalten.

9 Ich hingegen bin weniger euphorisch und widerspreche der Aussage, dass die Gentechnik eine große Chance ist. Keiner weiß, wie groß die Folgen einer Veränderung des Erbgutes sein werden. Man befürchtet, dass genmanipulierte Lebensmittel z.B. bei empfindlichen Personen Allergien hervorrufen könnten. Also, ich denke, die Risiken der Gentechnik können noch gar nicht überblickt werden und deshalb bin ich strikt dagegen.

4 Ausbildung & Studium

10 Beschäftigte ab dem Alter von 55 Jahren können dieses Arbeitszeitmodell beanspruchen, wenn sie in den letzten fünf Jahren zuvor mindestens drei Jahre lang vollzeitbeschäftigt waren. Sie arbeiten nur noch die Hälfte der tariflichen Arbeitszeit, erhalten aber 70 Prozent des letzten Nettoeinkommens.

11 Dies ist eine Möglichkeit für Beschäftigte eines Betriebs, ihren täglichen Arbeitsbeginn und das Arbeitsende entsprechend den eigenen Bedürfnissen festzulegen. Vorgeschrieben bleibt dabei aber meist eine Kernarbeitszeit, z.B. von 9.00 Uhr bis 15.00 Uhr, in der die Anwesenheit am Arbeitsplatz Pflicht ist. Bei diesem Modell werden Arbeitszeitkonten geführt.

12 Bei flexibler Arbeitszeit können die Beschäftigten geleistete Arbeitszeit, die über die tariflich vereinbarte Zeit hinausgeht, auf einem Konto „ansparen". Zu wenig geleistete Arbeitszeit wird auf diesem Konto ebenfalls festgehalten. Arbeitszeitguthaben müssen dann in einem bestimmten Zeitraum wieder ausgeglichen werden. Sie werden in Freizeit abgegolten, z.B. für einen längeren Urlaub.

13 Von dieser Arbeitsform wird dann gesprochen, wenn die regelmäßige Arbeitszeit kürzer ist als die regelmäßige Arbeitszeit bei Vollzeitbeschäftigung. Dabei kann die Arbeit so verteilt sein, dass täglich kürzer gearbeitet wird oder nur an einigen Tagen der Woche in Vollzeit.

14

Journalist:	Frau Meier, können Sie uns sagen, welche Arbeitszeitmodelle es gibt?
Gewerkschaftsvertreterin:	Oh, das ist schwierig, denn wir haben eine Vielzahl an Modellen in Deutschland. Ein Modell finden wir z.B. beim BMW-Werk in Regensburg. Dort arbeiten die Mitarbeiter an vier Wochentagen jeweils neun Stunden. Auch am Samstagmorgen wird gearbeitet. Alle drei Wochen können die BMW-Arbeiter von Donnerstag, 14.30 Uhr, bis zum darauf folgenden Mittwochmittag fast eine ganze Woche lang entspannen.
Journalist:	Dieses Modell wird sicher gern von den Arbeitern angenommen.
Gewerkschaftsvertreterin:	Ja, diese Regelung ist sehr beliebt. Sogar der Betriebsrat hat sich mittlerweile mit der Samstagsarbeit angefreundet. Außerdem sind durch dieses flexible Arbeitszeitmodell immerhin etwa 2.000 zusätzliche Stellen bei BMW Regensburg geschaffen worden. Ich denke, auch deshalb ist das neue Zeitkonzept nun allgemein akzeptiert.

15

Journalist:	Das ist ja nun doch eher ein ungewöhnliches Modell, oder?
Gewerkschaftsvertreterin:	Ja, da haben Sie recht. Häufiger findet man z.B. Arbeitszeitkonten. Ein Beispiel dafür ist Karstadt, wo viele Frauen arbeiten. Dort muss abends lange, also bis 20 Uhr, und auch samstags gearbeitet werden. Das sind nicht gerade sehr familienfreundliche Arbeitszeiten. Deshalb hat man flexible Arbeitszeiten mit dem Betriebsrat vereinbart. Mitarbeiterinnen und Mitarbeiter, die 37 Stunden in der Woche arbeiten, also auch am Samstag, können dann in der Woche an einem Tag nach Wunsch frei nehmen. Wenn man aber keinen Tag frei nimmt, sondern sich ein „Zeitpolster" erarbeitet, kann man die Zeit später ganz individuell abbummeln – entweder stundenweise oder zusammenhängend an einem zusätzlichen Tag.
	Auf der anderen Seite ist es aber auch kein Problem, wenn jemand aus privaten Gründen mal weniger Stunden in der Woche hinterm Ladentisch steht. Dafür gibt es eine Art „Überziehungskredit". Diese fehlende Arbeitszeit muss später nachgearbeitet werden. Abgerechnet wird immer Ende Februar. Dann muss jeder ein ausgeglichenes Arbeitszeitkonto haben.
	Aber auch Teilzeitarbeit ist bei Karstadt natürlich möglich: Immerhin 40 Prozent der Angestellten nutzen diese Möglichkeit. Für Karstadt fallen so weniger Überstunden an und es spart Kosten. Die Mitarbeiter dagegen stehen zufriedener hinter dem Ladentisch und haben außerdem mehr Zeit für ihre Familien. Das nützt letztlich ja auch dem Kunden.
Journalist	Wie bewerten Sie diese Entwicklung hin zu flexiblen Arbeitszeiten?
Gewerkschaftsvertreterin:	Es sind ja nicht nur die Arbeitszeiten, die sich verändern. Unser gesamter Lebensrhythmus ändert sich. Auch die Öffnungszeiten der Läden werden ja immer mehr ausgedehnt. Es gibt jetzt sogar verkaufsoffene Sonntage.
	Aber alles in allem denke ich, dass die Flexibilisierung der Arbeitszeiten eine Chance sein kann: für die Mitarbeiter, die sich besser um ihre Familien kümmern können, aber auch für die Unternehmen, die ihr Personal flexibler einsetzen können.

5 Zusammenleben der Generationen

16 *Eine Schule der besonderen Art*

Am Stuttgarter Fanny-Leicht-Gymnasium gibt es eine ganz besondere Schule – eine „Schule in der Schule". Hier werden ältere Menschen von Schülern und Schülerinnen des Gymnasiums unterrichtet. Die „Lehrer" sind zwischen 10 und 19 Jahren alt, ihre „Schüler" im Durchschnitt 75 Jahre.

Derzeit stehen mehr als 100 Schülerinnen und Schüler aus Klasse 5 bis 13 vor den fast 200 wissensdurstigen Seniorinnen und Senioren. An zwei Nachmittagen in der Woche kommen diese ins Gymnasium und lernen hier bei der jungen Generation, was sie interessiert.

Die Weiterbildungskurse für Senioren werden seit 1982 kostenlos von den Oberstufenschülern des Gymnasiums organisiert. Dabei umfasst der Stundenplan fast alle Schulfächer, auch Tanz und Schach werden angeboten. Den Fachunterricht dürfen übrigens nur Schüler geben, die in diesem Fach mindestens eine „2" haben.

Der Lernprozess ist professionell organisiert: Die jungen Lehrer führen über ihren Unterricht ein Tagebuch, also so etwas wie das frühere Klassenbuch; die Senioren wählen Kurssprecher. Aber etwas Schultypisches fehlt dann doch: Für die Seniorinnen und Senioren gibt es weder Klassenarbeiten noch Noten.

17

Die Kontakte gehen aber auch über den Unterricht hinaus. So werden Feste von allen gemeinsam gefeiert, kranke Seniorinnen und Senioren werden besucht, ein gemeinsamer Jahresausflug wird organisiert. Auch an Besichtigungen und Vorträgen oder an Kongressen nehmen „Schüler" und „Lehrer" gemeinsam teil.

Ziel des „Sozialen Arbeitskreises", so der Name der „Schule in der Schule", ist es, Kontakte zwischen Alt und Jung zu knüpfen, um so Vorurteile ab- und eine Atmosphäre menschlicher Wärme aufzubauen. Den Senioren wird hier ermöglicht, mit Jugendlichen in Kontakt zu treten. Dadurch bereichern sie mit ihrer Lebenserfahrung das Denken und Handeln der jüngeren Generation.
Gleichzeitig bietet sich den Schülern durch das Unterrichten eine wichtige Gelegenheit zum „Lernen durch Lehren" und damit auch zur Persönlichkeitsbildung. Damit ist das Projekt für alle Beteiligten ein Gewinn.

Aber nicht nur das ist wichtig: Hier kommt es zu einer Begegnung der Großeltern- und Enkelgeneration, bei der sich herausstellt, dass beide Generationen in ihrem Empfinden, Wollen und Können einander oft näher sind als allgemein angenommen – näher als es unter Umständen zur Elterngeneration dazwischen der Fall ist.

6 Freizeit – Freie Zeit?

18

Ich habe ein Freiwilliges Soziales Jahr beim Freiwilligen Sozialen Dienst Köln absolviert und möchte euch nun einen kurzen Überblick über das FSJ geben.

Das Freiwillige Soziale Jahr (abgekürzt FSJ), das man in der Regel nach dem Schulabschluss macht, ist für junge Menschen zwischen 17 und 27 Jahren sinnvoll, die sich in ihrem Leben orientieren möchten, die Einblicke in soziale Berufe haben möchten, die sich für andere Menschen engagieren möchten, die ihre Eignung für einen sozialen Beruf testen möchten oder auch die Wartezeit auf einen Studienplatz oder eine Ausbildung sinnvoll überbrücken möchten. Das FSJ ist also auch ein Bildungs- und Orientierungsjahr.

Während des FSJ arbeiten die Jugendlichen in sozialen Einrichtungen unter fachmännischer Anleitung. Es wird in der Regel Vollzeit, d.h. bis zu 39 h pro Woche, gearbeitet. Die Arbeit wird mit einem Taschengeld vergütet: Jeder, der ein FSJ absolviert, erhält monatlich 170 Euro plus 180 Euro für Verpflegung. Das macht also einen Verdienst von 350 Euro. Wenn man allerdings vom Träger eine Unterkunft gestellt bekommt, dann erhält man nur 100 Euro Taschengeld. Dies macht dann einen monatlichen Verdienst von 280 Euro. Von seinem verdienten Geld muss man keine Sozialversicherungsbeiträge zahlen, also keine Abgaben zur Kranken-, Renten-, Arbeitslosen- und Pflegeversicherung entrichten. Außerdem bekommt man einen FSJler Ausweis, mit dem man Ermäßigungen in öffentlichen Einrichtungen, wie Bibliotheken oder Schwimmbädern etc. bekommt.

19

Wie kann man sich bewerben? Normalerweise bewirbt man sich bei einem Träger – in meinem Fall war das der Freiwillige Soziale Dienst in Köln – und gibt Einsatzstellen an, die einem gefallen würden. Danach bekommt man vom Träger Vorschläge über Einrichtungen. Anschließend geht man zu einem Vorstellungsgespräch bei der vorgeschlagenen Einsatzstelle und wenn beide Seiten zufrieden sind, kann man dort anfangen. Es wird ein Dreiervertrag gemacht. Einer für den zukünftigen FSJler, einer für den Träger und einer für die Einsatzstelle. Der Träger begleitet einen dann während der FSJ-Zeit und steht bei Fragen und Problemen mit Rat und Tat zur Seite. Das FSJ beginnt meistens am 01. August, 01. September oder am 01. Oktober eines jeden Jahres.

Außerdem gehören zu einem FSJ Bildungsseminare. Diese finden in festen Gruppen statt und werden jeweils von Teamern geleitet. In den Seminaren kann man sich mit anderen FSJlern über seine Erfahrungen austauschen und die Praxis, die man in seiner Einsatzstelle erlebt hat, reflektieren. Weiterhin werden in jedem Seminar spezifische Themen besprochen, die die Teilnehmer sinnvoll mitplanen und gestalten können.

Zusammenfassend kann ich sagen, dass ein FSJ wirklich Spaß macht und eine interessante Lebenserfahrung ist. Man übernimmt Verantwortung und lernt sehr viel. Außerdem erhält man so einen guten Einblick ins Berufsleben und findet schnell heraus, ob soziale Arbeit überhaupt etwas für einen selbst ist. Und noch einen Vorteil hat das FSJ: Es sieht im Lebenslauf gut aus und wird von zukünftigen Arbeitgebern positiv bewertet.

7 Mobilität

20

Journalistin:	*Herr Schmidt, Sie verbrachten als Schüler ein Schuljahr in Kalifornien. Wem würden Sie ein Schuljahr in den USA empfehlen?*
Jochen Schmidt:	*Generell jedem. Ich würde jedoch raten, nicht wie üblich nach der zehnten, sondern nach der elften Klasse zu gehen. Es bringt mehr Freiheiten, das Seniorjahr dort zu machen, da man mit 18 in den USA wesentlich mehr darf als mit 16 oder 17. Die Befürchtung, ein Jahr zu verlieren, ist unberechtigt. Man verliert ja nichts, sondern gewinnt immer etwas dazu.*
Journalistin:	*Wie sind Sie selbst damals auf die Idee gekommen, ein Jahr in die USA zu gehen?*
Jochen Schmidt:	*Ich war in den Jahren davor zweimal in England zu Sprachstudien und hatte ein großes Interesse für die englische Sprache entwickelt. Ich war ebenso an anderen Kulturen interessiert und wollte eine neue kennenlernen.*
Journalistin:	*Gab es Schwierigkeiten, die Reise anzutreten?*
Jochen Schmidt:	*Nachdem ich mich dann für die USA entschieden hatte, ging es auf in den Bewerbungsdschungel. Das war echt ein hartes Stück Arbeit. Ich habe mir von sehr vielen Organisationen Info-Material zuschicken lassen und habe erstmal alles durchgelesen. Dabei habe ich auch schon drauf geachtet, wie sich die Organisationen selbst vorgestellt haben usw. Schließlich habe ich mich dann bei Step-In und Eurovacances beworben. Wegen ein paar Schwierigkeiten war ich dann nur beim Bewerbungsgespräch von Eurovacances und wurde angenommen.*
Journalistin:	*Wie haben Ihre Freunde und Ihre Familie den Entschluss aufgenommen?*
Jochen Schmidt:	*Meine Familie hat mich unterstützt, wo sie konnte, auch finanziell. Meine Freunde nahmen den Entschluss weniger positiv auf, das reichte von Gleichgültigkeit bis Unverständnis.*

21

Journalistin:	*Und wie haben Sie sich auf das Jahr vorbereitet?*
Jochen Schmidt:	*Ich habe versucht, Informationen über das Land und die Leute zu sammeln. Neben ein paar Büchern, die ich gelesen habe – wie z.B. „Ein Schuljahr in den USA", was sehr hilfreich war – habe ich noch einige Materialien von der Organisation über das Austauschjahr bekommen. Außerdem bot die Organisation spezielle Vorbereitungswochenenden an. Das war super. Die Stimmung war klasse und die Vorbereitung von Eurovacances wirklich sehr gut. Wir wurden auf alle möglichen Situationen vorbereitet und das mit viel Spaß. Danach fing dann die Endphase des Wartens auf die Gastfamilie an.*
Journalistin:	*Wie hatten Sie sich die USA vor Antritt der Reise vorgestellt?*
Jochen Schmidt:	*Naja, als Jugendlicher hat man da ja so seine ganz eigenen Ideen.*
Journalistin:	*Ja, das kann man verstehen. Und wie sah das Leben in Ihrer neuen Familie aus?*
Jochen Schmidt:	*Ich fand den ersten Monat besonders schwer, weil ich starkes Heimweh hatte. Ich dachte immer, dass ich nicht der Typ für Heimweh bin, aber mir wurde dann erst mal bewusst, wie sehr ich doch meine Familie und Freunde vermisse.* *Ich war in einer politisch sehr interessierten Familie untergebracht, der Vater war Juraprofessor, die Mutter Steuerberaterin. Ich hatte zwei jüngere Gastgeschwister, einen 13-jährigen Jungen und ein 16-jähriges Mädchen. Wir haben viel zusammen unternommen, aber wir haben auch viel diskutiert. Es gab auch Auseinandersetzungen, für die ich bei einer weniger liberalen Familie bestimmt nach Hause geschickt worden wäre.*
Journalistin:	*Und Ihr erster Schultag? Wie war der?*
Jochen Schmidt:	*Mein erster Schultag war wirklich nichts Besonderes. Ich hatte das Glück, dass ich zusammen mit meiner Gastschwester auf einer Schule war. Sie hat mir die Klassenräume gezeigt. Ich habe mich dann bei allen Lehrern vorgestellt, weil die nicht wussten, dass ich ein Austauschschüler bin. An meiner Schule dort, die ca. 2.000 Schüler hatte, waren häufig Gastschüler aus dem Ausland. Durch verschiedene Clubs fand ich schnell Freunde, mit denen ich, wie mit meiner Gastfamilie, noch heute befreundet bin.*

22

Journalistin:	*Was sind denn die größten Unterschiede zwischen dem amerikanischen und deutschen Schulsystem?*
Jochen Schmidt:	*Generell gefällt mir das amerikanische besser. Die Lehrer und Schüler sind begeisterter. Wer gut in der Schule ist, wird nicht gleich als Streber abgestempelt. Es gibt auch mehr Club-Angebote. Alle haben diese „Can Do" Einstellung, eine positive Grundstimmung, eine engere Gemeinschaft. Negativ ist, denke ich, dass viel gelehrt wird, aber wenig umfassend. In Deutschland gefällt mir, dass es in die Tiefe geht, vernetztes Denken gelehrt und Transferwissen gefordert wird. Nicht gut ist hier die negative Einstellung und die Überlastung der Lehrer.*
Journalistin:	*Was waren Ihre schönsten Erlebnisse in dem Jahr in den USA?*

Jochen Schmidt:	Da gab es viele besondere Erlebnisse. Zum Beispiel, dass ein Theaterstück, das ich geschrieben habe, in der Schule aufgeführt wurde. Dass ich so viele Freunde mit gleichem Interesse hatte. Die tollen Fächer. Meine Ausflüge nach New York City, San Francisco, Sacramento, Los Angeles, Hollywood. Und ich hatte wirklich großes Glück mit der Familie.
Journalistin:	Gab es denn nach Ihrer Rückkehr in Deutschland Probleme?
Jochen Schmidt:	Ja, weil ich mich sehr verändert hatte, mein Umfeld zu Hause aber nicht. Also mitgenommen habe ich eine ungemeine Erweiterung des eigenen Horizontes. Und mein Selbstbewusstsein hat sich sehr gesteigert. Jetzt sah ich vieles kritischer. Das war dann natürlich schwierig im Bezug auf Freundschaften und für meine Eltern. Das Wieder-Einleben zu Hause ist mir nicht immer leicht gefallen, und auf die Schule habe ich mich überhaupt nicht gefreut, weil die deutsche so anders war, so unpersönlich.
Journalistin:	Was würden Sie angehenden Austauschschülern empfehlen?
Jochen Schmidt:	Ich würde jedem dazu raten, sich die Organisationen genau anzuschauen und die individuell passendste auszusuchen. Sich so viele Filme wie möglich in der Originalsprache anzusehen, da die Sprache viel über eine Kultur verrät. Synchronisation nimmt viel davon. Also, insgesamt ist die Vorbereitung das A und O!

8 Globalisierung

🎧 23

Journalistin:	Essen muss uns teuer sein Der Wirtschaftsjournalist Paul Trummer hat ein Buch über Tiefkühlpizza geschrieben. Es handelt von Übergewicht – und Unterbezahlung. Herr Trummer, ich hasse Pizza. Warum sollte ich Ihr Buch kaufen?
Paul Trummer:	Die Pizza ist einfach ein Symbol für unser Essen – weil sie am weitesten verbreitet ist, weiter als ein Burger. Es geht darum, wie moderne Lebensmittelerzeugung funktioniert. Dazu braucht man viel Automatisierung, Chemie, Werbung – und günstige Zutaten. Der Preisdruck dominiert die Branche.
Journalistin:	Das klingt nicht schön. Ist Fertigpizza also schlecht für uns?
Paul Trummer:	Kurzfristig betrachtet ist unser Essen durch diese industrialisierte Produktion viel sicherer geworden. Es geht in den vielen automatisierten Betrieben, die ich besucht habe, unglaublich sauber zu. Es gibt Hygieneschleusen, viele Kontrollen. Auf lange Sicht trägt dieses System aber dazu bei, dass wir uns immer von denselben Grundzutaten ernähren. Billiges Fett, viel Zucker, künstlich hergestellte Aromastoffe.
Journalistin:	Was ist daran schlimm? Immerhin können wir billig essen.
Paul Trummer:	Irgendwann äußert sich das in Übergewicht und Krankheiten, die sich daraus ergeben. Laut Weltgesundheitsorganisation ist eine Milliarde Menschen zu dick, in Deutschland jede zweite Frau und mehr als jeder zweite Mann.
Journalistin:	Nun ist es nicht neu, dass Fertignahrung ungesund sein soll. Die Leute essen sie trotzdem. Können wir nicht selbst Verantwortung übernehmen?
Paul Trummer:	Jeder entscheidet selbst, richtig – und ich bin überzeugt, dass der Konsument die Macht hat, etwas zu ändern. Trotzdem ist auch die Politik gefordert. Wenn einem monatlich 128 Euro für Essen bleiben, tut man sich schwer, täglich frisches Obst und Gemüse zu bekommen.

🎧 24

Journalistin:	Bedeutet mehr Geld denn automatisch besseres Essen?
Paul Trummer:	Man muss sicher auch die Spielregeln ändern. Die europäische Lebensmittelbehörde überprüft derzeit sämtliche Aromastoffe. Davon wurden 1.600 als unbedenklich eingestuft, die übrigen 400 nicht. Nun hat die Lebensmittelbehörde aber die Unternehmen selbst um weitere Daten gebeten, die eine solche Unbedenklichkeit bestätigen sollen. Die werden wenig Interesse daran haben, auf Aromastoffe zu verzichten.
Journalistin:	Aber die Menschen wollen doch gar kein Kunstaroma.
Paul Trummer:	Der Geschmack ist für die Hersteller kein zentrales Kriterium. Den bekommt man mit Aromastoffen schon wieder so hingebogen, dass es schmeckt. Man will die Kosten so niedrig wie möglich halten, denn generell wollen die Menschen immer weniger Geld fürs Essen ausgeben. Elf Prozent des Einkommens sind es heute, 1970 waren es noch fast doppelt soviel. Dieser Preisdruck wird über die Supermärkte an die Hersteller und dann an die Bauern zurückgegeben.
Journalistin:	An welchem Lebensmittel merkt man das am stärksten?
Paul Trummer:	Ich denke bei Fleisch – das ist sogar billiger geworden. Ein Kilo Schweineschnitzel kostete vor 25 Jahren noch umgerechnet fünf Euro, heute bekommt man es im Supermarkt für 3,49 Euro. Der Preisdruck ist bei allen Nahrungsmitteln das zentrale Problem. Deshalb muss man den Leuten nicht nur sagen, was in ihrem Essen steckt, sondern auch, zu was die Schnäppchenjagd führen kann. Da geht es um Tierhaltung, Ausbeutung von Erntehelfern, Umweltschäden.

| Journalistin: | Sie haben jede Pizza-Zutat zurückverfolgt. Was hat sie am nachhaltigsten schockiert? |
| Paul Trummer: | Die Pizza-Produktion war für mich erstmal faszinierend. Ich habe vorher Autofabriken besucht und musste feststellen, dass eine Autofabrik und eine Pizzafabrik wenig unterscheidet. Es gibt kaum Menschen, alles ist automatisiert – bis auf die Champignons, die werden zum Schluss von Menschen darübergestreut. |

25

Journalistin:	Und schockiert hat Sie nichts? Sie haben Tierhaltung, Umweltschäden genannt.
Paul Trummer:	Schockiert hat mich vor allem die Ausbeutung der Erntehelfer in Italien. Die bekamen fürs Ernten 200 Euro im Monat. Davon kann man sich keine Miete leisten. Also okkupierten 700 Menschen eine Fabrikhalle und schliefen auf dem Betonboden, ohne Heizung, Strom und fließendes Wasser. Da hat auch die Mafia ihre Finger im Spiel, und alle wissen es.
Journalistin:	Was heißt alle?
Paul Trummer:	Politik, Bevölkerung, alle. Das ist kein Einzelfall, es ist ein System. Es gibt schätzungsweise 250.000 illegale Erntehelfer in Italien, die meisten von ihnen stammen aus Afrika. Diese Menschen verdienen weniger als die Leute, die bei uns den Müll wegräumen, nur damit wir unser Obst und Gemüse schön billig kaufen können.
Journalistin:	Wer das liest, kauft jetzt wohl einfach andere billige Tomaten.
Paul Trummer:	Das ist nicht nur in Europa so. Wenn das Kilo europäische Tomaten mit zehn Cent immer noch zu teuer ist, kommen die Tomaten eben zum Beispiel aus Algerien. Dabei gibt es viele, die wirklich gute Produkte anbieten, wie z.B. Bio-Bauern, Faire-Trade-Händler und lokale Hersteller. Die sollte man unterstützen. Die Menschen sollten Essen mehr zu schätzen wissen.
Journalistin:	Das kostet wieder Geld. Und Sie sagen doch, dass manche nicht genug Geld für Essen haben.
Paul Trummer:	Im Moment manifestiert sich Armut darin, dass manche eine Woche lang Kartoffeln essen, während der Wohlstandsbürger zehn Prozent seines Essens ungeöffnet in den Müll wirft. Die Tafeln, die Essen für arme Leute sammeln, versuchen diesen Spalt zu schließen, aber man würde sich schon wünschen, dass auch die Politik etwas macht.

9 Demografischer Wandel

26

Senioren verändern unsere Gesellschaft

Sie haben viel Geld, doch sparen sie alles für ihre Kinder und Enkel: Das ist das Bild, das viele Menschen von Senioren und Rentnern haben. Doch diese Vorstellung ist veraltet. Die Wahrheit ist: Rentner wollen ihren Lebensabend aktiv gestalten.

Der Anteil der Senioren an der Gesamtgesellschaft nimmt ständig zu. Im Jahr 2010 waren nach Angaben des Statistischen Bundesamtes mehr als 40 Prozent der deutschen Bevölkerung über 50 Jahre alt. Ähnlich ist das Bild bei den Rentnern: Mehr als 20 Prozent der Bevölkerung sind älter als 65 Jahre – Tendenz steigend.

Rentner sind überall in Deutschland zu finden. Doch es gibt Städte, in denen besonders viele von ihnen wohnen. Und die liegen vor allem in Ostdeutschland. Denn während die jungen ostdeutschen Familien in den Westen umziehen, weil sie in ihrer Heimat keine Arbeit finden, ist der Trend bei den Rentnern genau andersherum. Der Grund: Städte wie Görlitz gehen in den alten Bundesländern gezielt auf Marketingtour, um die Älteren vom billigen Wohnen im Osten zu überzeugen und damit die leeren Wohnungen in den ostdeutschen Wohngesellschaften zu füllen.

27

Aber während die städtischen Wohnungsgesellschaften bereits auf Rentner zugehen, spielt diese Zielgruppe bei den deutschen Unternehmen bisher keine tragende Rolle. Bei der Produktpalette und der Werbung haben die großen Anbieter weiterhin vor allem die Gruppe der 14- bis 49-Jährigen im Visier. Dabei hat die Generation der über 60-Jährigen nach Berechnungen des Deutschen Instituts für Wirtschaftsforschung schon heute eine Kaufkraft von mehr als 316 Milliarden Euro. Jeder dritte Euro kommt demnach aus dem Portemonnaie eines Seniors. Und dieser Anteil wird bis zum Jahr 2050 auf über 40 Prozent ansteigen, so die Berechnungen des Instituts.
Diese Steigerung der Kaufkraft dürfte aber vor allem auf die demographische Entwicklung zurückzuführen sein. Denn eine große Steigerung der Renten ist nur schwer denkbar. Im Gegenteil: Vor allem im Osten werden die Renten eher sinken. Der Grund: In den kommenden Jahren gehen Generationen in Rente, die in ihrer Erwerbsbiographie viele Jahre Arbeitslosigkeit aufzuweisen haben.

Von der Kaufkraft der Senioren werden künftig wohl vor allem die Gesundheits-, die Wellnessbranche und die Weiterbildungsbranche profitieren, sagt Uta Schwarz, Wissenschaftlerin an der TU Dresden. Außerdem ist sie davon überzeugt, dass Senioren künftig auch häufiger als bisher technische Produkte wie DVD-Player und Fernseher kaufen werden.

Ein anderer Bereich, der profitieren wird, ist die Reisebranche. Keine Altersgruppe unternimmt so viele Reisen wie die 50- bis 70-Jährigen. Die neue Reiselust zeige vor allem das Bedürfnis der Menschen, das Alter intensiv zu nutzen, so Uta Schwarz.

Bei der Entwicklung von Produkten empfiehlt der Bundesverband der Verbraucherzentralen übrigens den Herstellern: Sie sollten sich zwar an den Senioren orientieren, aber keine speziellen Seniorenprodukte anbieten. „Ältere wollen nicht gerne durch Senioren-Produkte auffallen. Ihre Bedürfnisse sollten daher besser in bestehende Produkte integriert werden", sagte Vorstand Gerd Billen. Ein „Seniorenhandy" werde laut Billen eher weniger Käufer finden, ein Handy, das leichter zu bedienen sei, hingegen schon.

Ähnlich argumentiert auch die Wissenschaftlerin Uta Schwarz. Wichtig sei, das Umfeld der Produkte seniorengerecht zu gestalten. Sie spricht in diesem Zusammenhang von einfachen Gebrauchsanweisungen, Ruheräumen sowie Einpackhilfen und deutlich geschriebenen Preisschildern in Supermärkten.

Die Alterswissenschaftlerin und ehemalige Familienministerin Ursula Lehr geht noch einen Schritt weiter. Ihrer Meinung nach würden auch viele andere Menschen davon profitieren, wenn Produkte altersgerecht werden. Beispielsweise seien die Niederflurstraßenbahnen auf Wunsch von Älteren entwickelt worden. Heute freuen sich aber auch Familien mit Kinderwagen und Fahrradfahrer über den leichteren Zugang.

10 Regionen, Sprachen und Dialekte

Die Sache mit dem Dialekt

Über die Hälfte der Deutschen spricht einen Dialekt. Das findet laut einer Umfrage des Mannheimer Instituts für Deutsche Sprache rund ein Drittel aller Befragten sympathisch.

Einen mancherorts vielleicht vermuteten Zusammenhang zwischen dem Sprechen eines Dialekts und einem niedrigen Bildungsgrad bestätigt die Studie nicht. Trotzdem ist ein Dialekt im Beruf mitunter ein Handicap. Denn die Akzeptanz der regionalen Aussprache ist u.a. abhängig vom Sitz des Unternehmens und von der Aufgabe des jeweiligen Mitarbeiters.

So ist der Vertriebsmitarbeiter in Oberbayern mit einem bayerischen Dialekt aller Wahrscheinlichkeit nach erfolgreicher als ein Kollege, den es aus Norddeutschland in den Süden verschlagen hat. Denn der Dialekt ist nicht nur Ausdruck der Heimatverbundenheit des Sprechers, sondern vermittelt auch ein Wir-Gefühl und kann somit regional durchaus verkaufsfördernd wirken.

Ganz anders wirkt hingegen der Gebrauch von dialektalen Ausdrücken in der Schriftsprache, die einem strengen Regelwerk von Rechtschreibung und Grammatik unterliegt. Der Sinn dieser Regeln ist es, eine Verständigung zwischen Absender und Empfänger über dialektale und regionale Grenzen hinweg sicherzustellen. Wird das Regelwerk jedoch ignoriert, indem der Schreiber z.B. Vokabular aus dem regionalen Wortschatz oder umgangssprachliche Formulierungen benutzt, so löst dies beim Leser in den meisten Fällen Irritationen aus. Diese können von einem leichten Schmunzeln bis zu einem ernsthaften Stirnrunzeln reichen und im schlimmsten Falle zu einem bleibenden negativen Eindruck führen, den der Empfänger vom Absender gewinnt. Ein Bruch dieser verbindlichen Regeln ist also nicht unbedingt ratsam.

Aus der Erkenntnis heraus, welchen Einfluss der Dialekt auf Gesprächsverläufe nehmen kann, werden mittlerweile auch verstärkt Rhetorik- und Sprechseminare für etablierte Führungskräfte angeboten. Diese sollen dort ihr sprachliches Selbstbewusstsein steigern und besser auf den Gesprächs- und Verhandlungspartner reagieren können.

Sogar Hochschulabsolventen können sich auf eine mündliche Kommunikation ohne zu starke Dialekteinfärbung trainieren lassen, um sprachliche Barrieren bei einem beruflichen Umzug, z.B. von Sachsen ins Rheinland, frühzeitig zu erkennen und zu überwinden.

Etwas einfacher ist dies hingegen in der schriftlichen Kommunikation. Hier erkennen und markieren professionelle Korrekturprogramme, wie der Duden-Korrektor, auf Wunsch all jene Wörter, die nicht zur Standardsprache gehören, sondern der Umgangssprache entnommen sind oder nur eine regionale Verbreitung haben. Die Dudensoftware kann in die gängigen Office-Anwendungen integriert werden und so im beruflichen Schriftverkehr für eine dialektfreie Sprache sorgen. Darüber hinaus erkennt sie Grammatik- und Rechtschreibfehler, markiert zu lange Sätze, korrigiert fehlende Festabstände und sorgt so für die Verständlichkeit der Texte.

Audios

Audio	Kapitel, Aufgabe im ÜB	Seite im ÜB	Länge
1	Kapitel 1, HV, Aufgabe 1	S. 13	01:11
2	Kapitel 1, HV, Aufgabe 1	S. 13	00:37
3	Kapitel 1, HV, Aufgabe 1	S. 13	00:45
4	Kapitel 1, HV, Aufgabe 1	S. 13	00:44
5	Kapitel 2, HV, Aufgabe 2b	S. 26	04:46
6	Kapitel 3, HV, Aufgabe 4b und c	S. 34	01:04
7	Kapitel 3, HV, Aufgabe 4b und c	S. 34	01:13
8	Kapitel 3, HV, Aufgabe 4b und c	S. 34	00:49
9	Kapitel 3, HV, Aufgabe 4b und c	S. 34	00:39
10	Kapitel 4, HV, Aufgabe 2c	S. 52	00:28
11	Kapitel 4, HV, Aufgabe 2c	S. 52	00:32
12	Kapitel 4, HV, Aufgabe 2c	S. 52	00:35
13	Kapitel 4, HV, Aufgabe 2c	S. 52	00:27
14	Kapitel 4, HV, Aufgabe 3b	S. 52	01:10
15	Kapitel 4, HV, Aufgabe 3b	S. 52	02:36
16	Kapitel 5, HV, Aufgabe 3c	S. 60	01:45
17	Kapitel 5, HV, Aufgabe 3c	S. 60	01:39
18	Kapitel 6, HV, Aufgabe 4	S. 77	02:25
19	Kapitel 6, HV, Aufgabe 4	S. 77	02:17
20	Kapitel 7, HV, Aufgabe 2	S. 89	02:10
21	Kapitel 7, HV, Aufgabe 2	S. 89	02:34
22	Kapitel 7, HV, Aufgabe 2	S. 89	02:34
23	Kapitel 8, HV, Aufgabe 1	S. 93	02:27
24	Kapitel 8, HV, Aufgabe 1	S. 93	02:51
25	Kapitel 8, HV, Aufgabe 1	S. 93	02:24
26	Kapitel 9, HV, Aufgabe 3	S. 112	01:58
27	Kapitel 9, HV, Aufgabe 3	S. 112	02:36
28	Kapitel 9, HV, Aufgabe 3	S. 112	01:51
29	Kapitel 10, HV, Aufgabe 2	S. 120	01:22
30	Kapitel 10, HV, Aufgabe 2	S. 120	01:55
31	Kapitel 10, HV, Aufgabe 2	S. 120	00:54
		Total	51:18

Die Audios finden Sie digital, siehe Seite 1.

Audio-Impressum

Sprecher: Odine Johne, Mareike Schmidts, Robert Atzlinger und Johannes Wördemann
Tontechnik und Produktion: DEZIBEL music network, Stuttgart

Quellen Hörtexte
Kapitel 1: „Leben ohne Handy" © Ciao Commerce Division, Microsoft Deutschland GmbH, München • Kapitel 2: „Die erste Umwelt-aktivistin Rachel Carson", aus: www.zzzebra.de © Labbé Verlag, Bergheim • Kapitel 5: „Sozialer Arbeitskreis im Fanny-Leicht-Gymnasium" © Fanny-Leicht-Gymnasium, Stuttgart-Vaihingen • Kapitel 6: „Freiwilliges Soziales Jahr beim FSD" © Ciao Commerce Division, Microsoft Deutschland GmbH, München • Kapitel 7: „Essen muss uns teuer sein" © der Freitag Mediengesellschaft mbH & Co. KG, Berlin • Kapitel 9: „Senioren verändern unsere Gesellschaft" © Christian Mathea, news.de GmbH, Leipzig • Kapitel 10: „Die Sache mit dem Dialekt" © www.rosenheim24.de